武士の町 大坂

「天下の台所」の侍たち

薮田 貫

講談社学術文庫

はじめに――「武士の町」という問い

江戸時代の大坂といえば、「町人の都」「天下の台所」と相場が決まっている。なにをいまさら、「武士の町」か？

大半の読者は、そう思われるだろう。そのとおりで、「町人の都」「天下の台所」には、それなりの根拠もある。しかし時は「武士の世」、大坂にも武士がいたことは間違いなく、なによりもいまも聳(そび)える大阪城が、武士の存在を物語る。それなのになぜ、こと大坂に関しては、「武士の町」といわず、「町人の都」が通り相場になったのだろうか。小著は、この素朴な疑問からはじまっている。

「大坂図屏風」の新発見

二〇〇六年九月、豊臣大坂城を描いた一隻(いっせき)の屏風(びょうぶ)が、日本を遠く離れたオーストリアの古都、グラーツのエッゲンベルク城から発見された（エッゲンベルク城は二〇一〇年八月、世界遺産に登録された）。

大阪城天守閣関係者も予想だにしなかった、超一級の作品の登場であった。それが逸品であるゆえんは、金雲の間に五層の望楼(ぼうろう)型天守（昭和六年〔一九三一〕に復元され、現在、大

豊臣期大坂図屏風　第６扇・第７扇。手前は大川。楼門形式の極楽橋を渡ると大坂城の本丸、天守閣にいたる。Universalmuseum Joanneum Schloss Eggenberg, Graz提供

阪のシンボルとなっているあの天守閣と同じ構造）が聳え立ち、その北には濠に極楽橋が架けられている。大阪城天守閣研究副主幹北川央によると、二階建ての楼門形式の極楽橋は、慶長元年（一五九六）の大地震で大坂城の建物がほとんど倒壊したなかで、天守閣とともに残った数少ない建造物である。しかもこの楼門、同五年（一六〇〇）に京都の豊国神社に移築されており、この屏風の景観は、一六〇〇年以前の大坂城を描いたものであるという。

北川はまた、豊臣期（一五八三～一六一五）の大坂城を描いた作品は、国の重要文化財として知られた『大坂夏の陣図屏風』（『黒田屏風』ともいう）を含め、これまで四点が知られているが、新発見の屏風は、「平和な時の大坂城の全容を描いた作品としては最古」と判断

している（*Ôsaka zu byôbu* Universalmuseum Joanneum, 2010）。

たしかに六曲一双の『大坂夏の陣図屏風』は、題の示すごとく徳川軍と豊臣軍の大坂城攻防のさまを詳細に描き、とりわけ左隻には、戦火を逃れんとする人びとの修羅場が描かれ、「元和版ゲルニカ」（大阪城天守閣主任、故岡本良一）と比喩されるリアリティーに溢れている。それとくらべるならばエッゲンベルクの新出屏風は、八曲の画面の右から数えて三扇から七扇までの広い空間を大坂城が占め、城の内外の人びとは、いずれも平和を謳歌している。まさに豊臣最盛期の大坂を描いたものとみることができるのである。鑑定を依頼されたケルン大学のエームケ（F. Ehmcke）教授は、天満橋近くの大川（淀川）に浮かぶ、屋根に鳳凰が描かれた舟は、秀吉が川遊びで使った鳳凰丸と見立てる。さらに京橋口門の内側に立つ傘を差しかけられた貴婦人と傍らの少年、その目線の向こうから従者を連れ、駕籠に乗って来る武士を、淀殿と秀頼に対する秀吉その人だと読む。

そのような景観解釈に対し、『洛中洛外図』など豊臣期の京都を描いた屏風に通じた狩野博幸は、「この屏風でだいたい大坂が尽くされているとすると、もう一隻は京都あたりと想像する」との解釈を示す。またこの屏風が原本でなく、それを模倣した粉本ではないか、という見解を披露する（前出 *Ôsaka zu byôbu*）など、屏風の存在自体に謎が多い。

エッゲンベルク城の一室

いつどのようにしてこの屏風が、日本からオーストリアに渡ったのかについても不明であ

エッゲンベルク城の「日本の間」
屛風は分割され、この部屋の壁に掛けて飾られている。 Universalmuseum Joanneum, Schloss Eggenberg, Graz 提供

る。なによりもエッゲンベルクの屛風は現在、屛風の形をとっていない。八枚のパネルに切り取られ、「日本の間」（発見当時の名称は「インドの間」）の壁に掛けられているのである。わたしも二〇〇七年六月、髙橋隆博関西大学博物館長と、現物を見るためにグラーツに赴いたが、城の三階に回廊のように配置された部屋のひとつに、「屛風」はあった。

昼なお暗い長方形の部屋に、ライトを当てて浮かび上がったのは、紛れもない屛風の各場面。その周囲には中国風の風景画が描かれ、それが屛風の各場面を囲む形になっている。なんとも奇妙な「日中合作」だが、この意外な再利用のおかげで、屛風は少なく見積もっても三百年の風雪に耐えてきたのである。なぜなら屛風は、遅くとも一七一四年以前に、エッゲンベルク家に入っているからである。

入手後の屛風の経緯については、城の主任学芸員として、この屛風を「中国か日本のもの」とみて十年かけて修復、その後も作品の鑑定と調査を主導したバーバラ・カイザー

(Barbara Kaiser) 女史が執筆した図録 *Schloss Eggenberg*（二〇〇六）に詳しい。それによると、グラーツ市内のエッゲンベルク邸にあった屏風は、十八世紀後半に郊外のエッゲンベルク城に移され、城内がロココ様式で改装されたとき、八枚のパネルに分割、壁に掛けられたのだという。「インドの間」と名付けられたのはそのときで、当時、ヨーロッパで流行した中国趣味シノワズリを象徴する中国や日本の陶磁器が飾られた部屋もあった。

第二次世界大戦の終結時、オーストリアは敗戦国としてソビエト軍の進駐を受け、エッゲンベルク城にもソビエト軍兵士が駐屯した。彼らは城を退去するにあたって、多数の日本製・中国製陶磁器を持ち去ったということであるが、かの屏風がもし「屏風」のままであったなら、城から出ていたことは容易に想像できる。持ち運び不可能な壁絵として再利用されていたことが、屏風を二十一世紀初頭の現在まで残したのである。

屏風に描かれた武士と町人

いずれにしても、超一級の資料としてエッゲンベルク城の「大坂図屏風」が発見された。大坂城もさることながら、新堀として掘られた東横堀川（ひがしよこぼりがわ）とその右岸に開発された船場（せんば）の町並み、荷物を積んだ大小の船舶が行き交う八軒家浜（はちけんやはま）の賑（にぎ）わいなど、豊臣期大坂の情報を読み取るうえで、屈指の資料である。全面的な解読には、さまざまな課題と可能性があるが、ここで一点確認したいのは、エッゲンベルクの屏風が示す大坂は、紛れもなく、「武士の町」であるということである。八曲の空間の六〇パーセントは大坂城の本丸・二の丸・三の丸で占められ、町人の世界は、東横堀と船場、四天王寺・住吉に限られている。また描かれた人物は約四〇〇人と『洛中洛外図』とくらべて少ないが、多数の武家の男女や従者が、両替商・魚屋といった商人・職人、鷹匠・踊り念仏・順礼などの芸能者とともに活写されている。

この紛れもない武士の町が、どうして「町人の都」になったのであろうか？

大坂冬・夏の陣（一六一四〜一五）によって豊臣政権が滅び、徳川の世になったからであろうか。たしかに政権の所在地は、京・大坂から江戸に移り、大名屋敷は大半、江戸に移った。元和八年（一六二二）にはじまる大名妻子の人質の制度や、寛永十二年（一六三五）にはじまる参勤交代がそれに拍車をかけ、江戸は武家人口の集中するところとなった。そのあおりを受けて、大坂は「町人の都」になったのか。

それもひとつの解釈であるが、焼失した豊臣の大坂城跡には、その後、諸大名を動員して、「秀吉の時代の大坂城を全部地中に埋め尽くし、石垣も堀もまったく新たに築き直した大坂城」（北川央『大阪城ふしぎ発見ウォーク』フォーラム・A、二〇〇四）が再築された。元和五年（一六一九）には、将軍の名代として、また西国大名の押さえとして大坂城代が置かれた。その他、大坂城を守護する武士の駐在もあり、大坂城とその周辺は、武家屋敷が立ち並んでいた。

エッゲンベルクの屏風は、大坂城近辺を北からフォーカスし、東横堀以西の町人の居住空間を捨象しているが、視点を西にずらせば、大坂は、当時すでに「町人の都」であったと考えることもできる。これもひとつの解釈である。

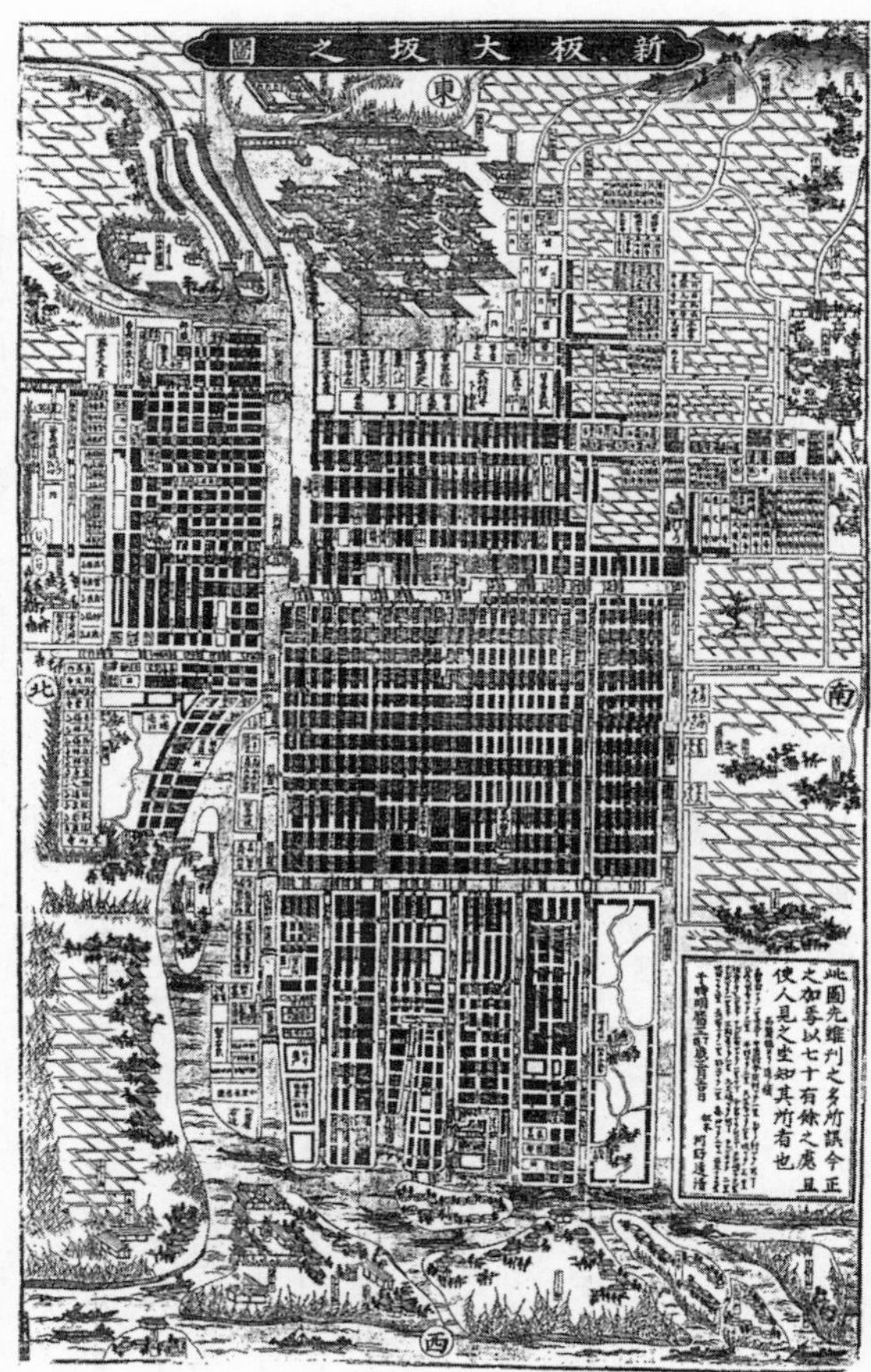

「新板大坂之図」（複製）

実際、豊臣期には南北軸であった大坂城と大坂は、西の大阪湾方面に開発が進むことで、軸が東西に変わっていく。南北軸とは、京都から淀川の文禄堤をへて大坂に北から入り、南の上町から天王寺・住吉・堺へと向かうのが幹線とされたからである。大坂城の北門である極楽門が絢爛豪華に飾られているのも、そこが正門であったことを意味する。それに対し、軸が東西に変わると西に向いた追手（大手）門が正門となり、東横堀をへて船場に入り、さらに西横堀・川口へと続くこととなる。江戸時代の大坂図として最古の明暦三年（一六五七）の「新板大坂之図」は、東の大坂城を上部に、川口・九条島・寺島などの大川（淀川）河口を下部に、文字どおり、東西軸で描かれている（図「新板大坂之図」）。豊臣政権のはじめた船場の開発は、徳川政権へと受け継がれ、東横堀川以西に格段に進んだからである。

しかしそれでも、大坂城と上町一帯は武士の空間、東横堀以西は町人の空間という構造は、豊臣から徳川へと継承され、なんら変わっていないのではないか。それなのになぜ、江戸時代の大坂をことさら「町人の都」というのか。それはどういう事実にもとづき、いつだれが言い出したことか、そこにはどういう意味が含意されているのか、などなど疑問が、つぎつぎと湧いてくる。

「町人の都」と「武士の町」

「町人の都」大坂という、小学校の社会科教科書など、通り相場になって久しいものを、なぜ今ごろ、天邪鬼よろしく「武士の町」大坂という問いを立てるのか。それはほかでもない。歴史学は「事実調べ」の学問だが、その根底には「問い＝仮説を立てる」というスリリングな作業が不可欠であるということを主張したいからである。と同時に、この問いには、かなり大きな歴史認識の転換があると考えるからでもある。「武士の町」大坂という問いを立てることが、かなり挑戦的であるということを知ってもらうために、現代の文豪であり、生涯、大阪人であった司馬遼太郎（一九二三〜九六）に登場してもらうこととする。

＊本書中、近世の大阪をさす場合のみ、慣例にしたがって「大坂」と表記する。

目次

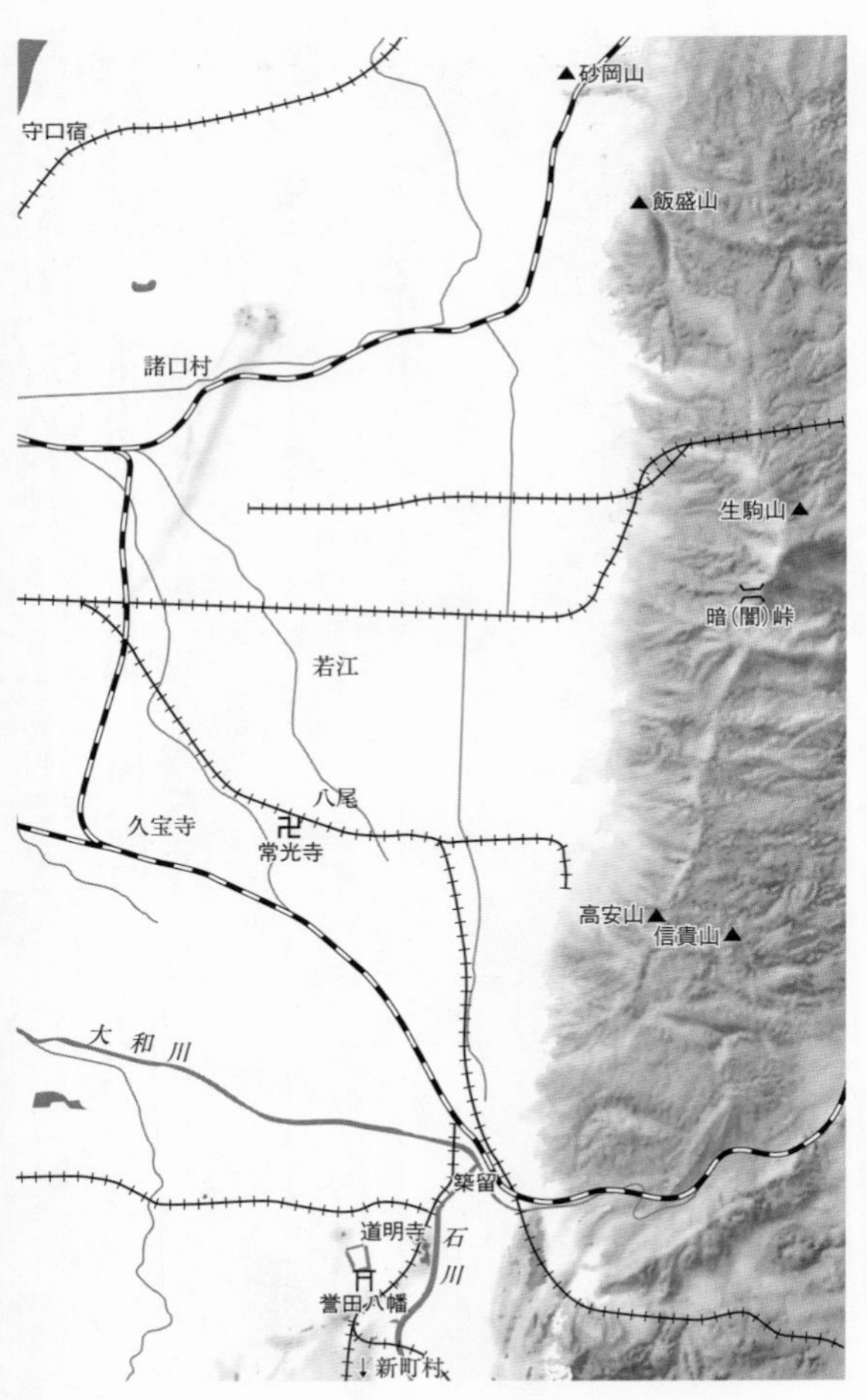

砂岡山
守口宿
飯盛山
諸口村
生駒山
暗(闇)峠
若江
八尾
久宝寺
常光寺
高安山
信貴山
大和川
築留
道明寺
石川
誉田八幡
新町村

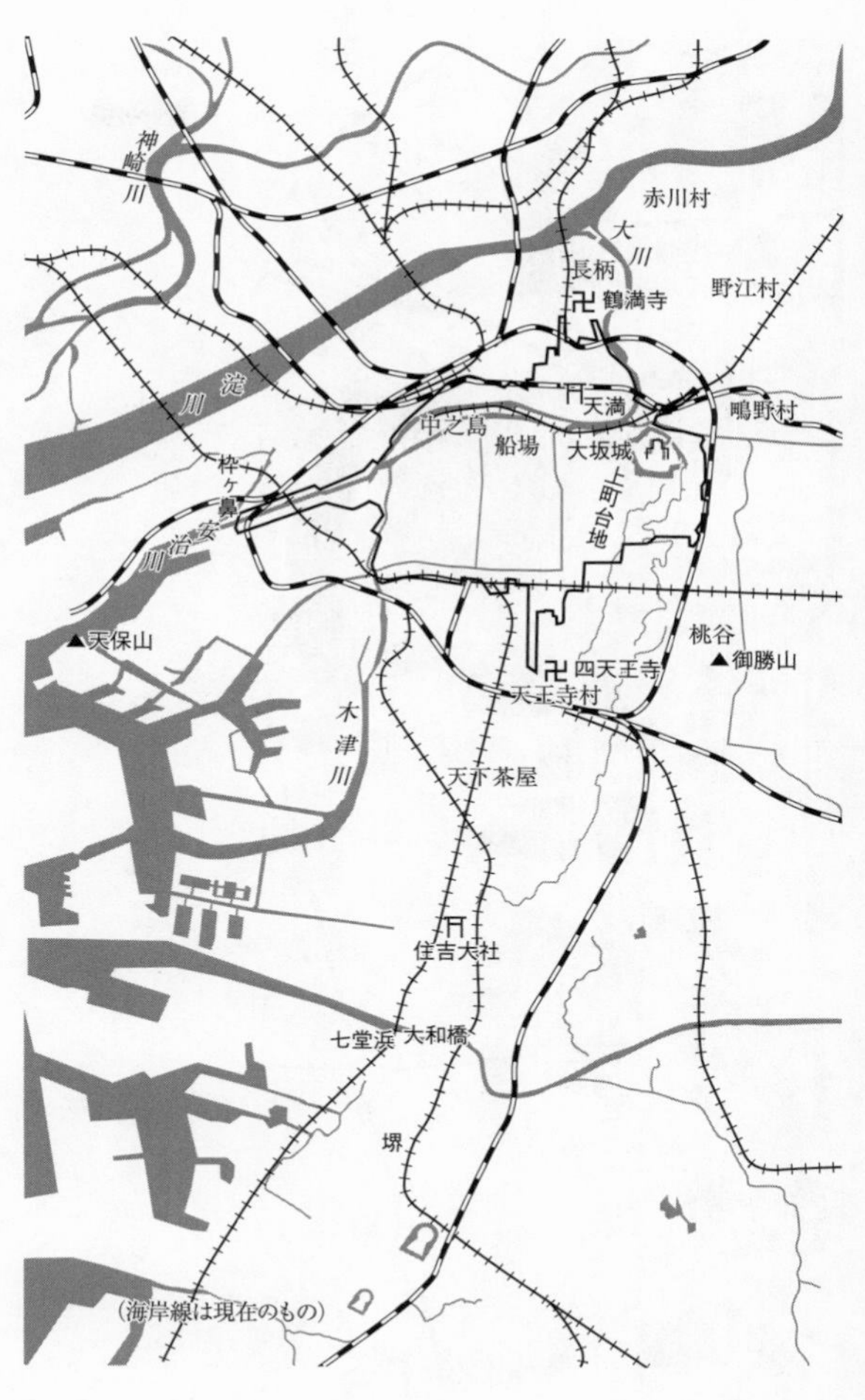
神崎川
赤川村
大川
長柄
鶴満寺
野江村
淀川
天満
鴨野村
中之島
船場
大坂城
上町台地
桦ケ鼻
安治川
天保山
桃谷
御勝山
四天王寺
天王寺村
木津川
天下茶屋
住吉大社
七堂浜
大和橋
堺
（海岸線は現在のもの）

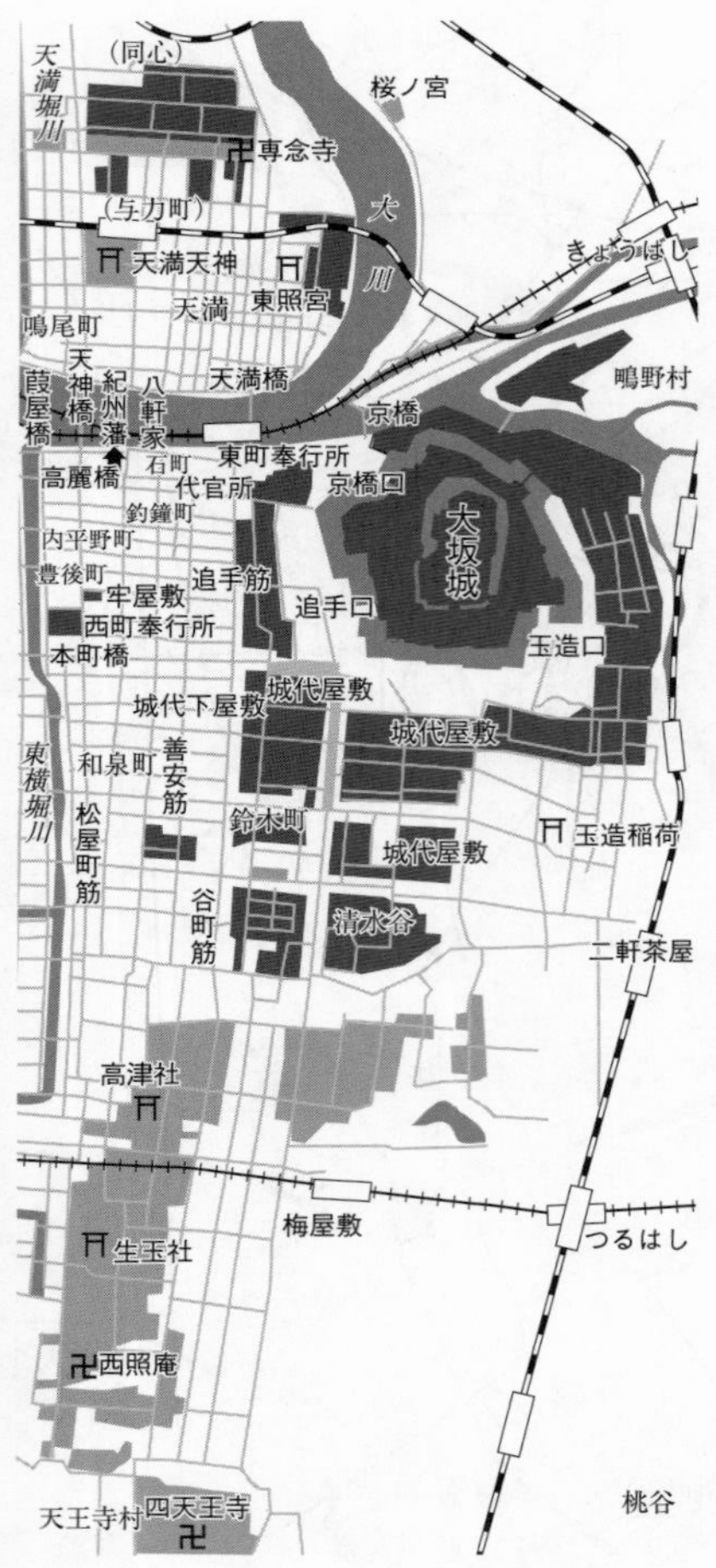
天満堀川
（同心）
桜ノ宮
専念寺
大川
（与力町）
天満天神
東照宮
天満
きょうばし
鳴尾町
天満橋
鴫野村
天神橋
葭屋橋
紀州藩
八軒家
京橋
石町
東町奉行所
高麗橋
代官所
京橋口
釣鐘町
大坂城
内平野町
豊後町
追手筋
牢屋敷
追手口
西町奉行所
本町橋
玉造口
城代下屋敷
城代屋敷
城代屋敷
東横堀川
和泉町
善安筋
松屋町筋
鈴木町
城代屋敷
玉造稲荷
谷町筋
清水谷
二軒茶屋
高津社
梅屋敷
つるはし
生玉社
西照庵
天王寺村
四天王寺
桃谷

⬆は蔵屋敷
(『新修大阪市史第10巻』より)
大阪
太融寺
久留米藩
佐賀藩
淀屋橋
難波橋
中之島
常安寺町
堂島川
土佐堀川
懐徳堂
銅座
北浜
船場
江戸堀
御霊社
道修町
平野町
江戸堀川
西横堀川
淡路町
瓦町
備後町
安土町
本町
油掛町
本町筋
安治川
舟蔵
川口
座摩神社
東本願寺
薩摩藩
堺筋
立売堀川
瓢箪町
対馬藩
新町
宇和島町
心斎橋
長堀橋
和光寺
四ッ橋
長堀川
堀江
御津八幡
日本橋
道頓堀川
船蔵
難波新地
千日仕置場
なんば
難波蔵
木津川
今宮村

武士の町　大坂

第一章　武士は何人いたか

司馬遼太郎の大坂

司馬遼太郎は、『空海の風景』から『坂の上の雲』にいたる、日本の古代から近代まで幅広い題材を独自の史観から小説に仕立て、たくさんの読者を得たが、三十歳代後半に、記者をしながら書いた作品に、近世大坂の武士を主人公にしたものがある。年譜から拾えば、一九五九年の『大坂侍』、同年から一九六〇年にかけての連載『花咲ける上方武士道』であり、『梟（ふくろう）の城』で直木賞をもらう直前の話である。その代表作ともいうべき『花咲ける上方武士道』の予告で、司馬はつぎのようにいう（『司馬遼太郎が考えたこと』1、新潮文庫）。

武士は関東という。しかし、上方にも武士はいたのだ。（略）ただし、武士としての人種がちがう。

彼らの持つモラルはおよそ京大坂以外の封建社会とあわない。物語りは双六（すごろく）の逆順に、大坂から出発し、江戸城が上がりになるのだが、町人の共和国ともいうべき大坂を一歩出ると、彼ら上方ものからみれば、珍奇としかいえない封建のバケモノがみちている。時にはそのバケモノの横面(よこつら)をハリ、時にはバケモノから恋を持ちかけられることになるかもしれない。では、来週お目にかかります。（一九五九年十二月）

あえて大坂の武士に着目した視点のユニークさとともに、「封建のバケモノ」と「町人の共和国」の対比が強烈に意識されている。この発想を、

私は、大阪でうまれて、いまもこの土地で住んでいます。あたりまえのことですが、長じてから、自然、いろんな土地を郷里とする人たちとつきあうようになりました。それらの人たちとの接触の度合いが重なればかさなるほど、私は、自分のうまれた土地の人間風景を奇妙なものに思うようになったのです。（『大坂侍』あとがき、一九五九）

という、司馬の経歴とアイデンティティに重ねてみるとき、そこには強烈な自意識が感じ取れる。大阪人でなければ生まれない発想である、ともいえるのだろう。

実際、「大阪バカ」という随想で司馬は、「私も代々のバカの家にうまれバカの土地でそだち、生涯この土地で住みつづけようと思っている。たまたま時代小説をかいているのだが、当分のあいだは自分が飽いてしまうまで、大阪者の野放図な合理主義精神が、封建のジャングルのなかでどう反応するかを、面白おかしく書いてゆきたいと思っている」（一九六〇年一月）と書くが、ここでも「大阪者」の「合理主義」と、それ以外の「封建のジャングル」

が対比されている。言い換えるなら、近世の大坂が、「町人の共和国」「合理主義」として「封建のジャングル」に対比されているのである。「封建のジャングル」を継承した東京や金沢・仙台などの読者たちは、この対比をどのように感じて、司馬の作品を読んだだろうか。日本列島のうち、大坂だけを「町人の共和国」とみ、それ以外を「封建のジャングル」と捉えた司馬は、返す刀で、つぎのように江戸時代の大坂を表現する。

> 江戸の最盛期では、百万の市民のなかで五十万が武士であったといわれている。そのころ大坂では、六、七十万の人口のなかで武士といえば諸藩の特産の商ないをする蔵役人をのぞけば、東西両町奉行所の与力同心がざっと二百人程度の数であった。(「大阪バカ」、傍線は筆者、以下同)

同じ書きぶりは、大坂の川同心鳥居又七を主人公にした短編「大坂侍」(『大坂侍』所収)にもある。

> この大坂の町は、町人の町だ。侍は居ても、人口三十五万の大都会に、幕府直属の者がわずか二百人。——そのほとんどが、代々大坂地生えの侍で、自分が幕府の家臣だとも思っていない。半分町人化している。

「町人の共和国」と武士

それぞれの作品で町人人口に大きな差があるのはしばらく目を瞑る（つぶる）として、武士の数「二百人」がよほど気に入っていたようである。歴史家の立場からいえば、「東西両町奉行所の与力同心」と「幕府直属の者」は、どう違うのかと問い詰めたくなるが、具体的な「東西両町奉行所の与力同心」でいえば、与力は東西それぞれ三〇騎で合計六〇騎（騎馬の特権が許されていたので六〇人といわず、六〇騎と表現する）。同心は東西にそれぞれ五〇人で、合計一〇〇人となる。したがってそれを総計すると一六〇となり、二〇〇に近い。司馬はそのように推計して「二百人」という数値を挙げたと、好意的に解釈しようとすればできる。

ところが、である。町人の三五万、あるいは六〇万〜七〇万人は、その家の当主ばかりか、家族・奉公人も含んでいる数値である。江戸の武士五〇万も、家族を含む数値である。それなのになぜ、大坂の武士二〇〇人には、家族や奉公人が含まれていないのか。後述のように、武士の人数を数えるうえでもっとも困難なのは、この家族の数であるが（そもそも、大坂城内に大名が家族連れで来ていたかどうか、町奉行が家族連れでいたかどうか、これまでだれも問うていない）、司馬は、その困難を超越し、繰り返し二〇〇人と書いている。いったい司馬は、なにを根拠に、あるいはだれの研究をもとに「二百」という数値を書いたのか。

司馬の作品には、その根拠がいっさい、書かれていない。種本が、見つからないのである。歴史家幸田成友（こうだしげとも）（一八七三〜一九五四）の傑作として評価の高い『大阪市史』全五巻のどこを繰っても、大坂の武士の数値は書かれていない。大坂城代・町奉行などの職制を丁寧に書き、また大坂の武士のひとり大塩平八郎（おおしおへいはちろう）に異常なほどの関心を寄せ、一九一〇年に『大塩平八郎』を著した幸田にしても、町奉行所の与力は六〇騎、同心は一〇〇人と書く以外、武士の総数を挙げていない。ださすがに幸田は、与力・同心には町奉行所付属（町方（まちかた）と呼ばれた）だけでなく、大坂城守衛の大名に付属した与力・同心（町方に対し城方（しろかた）と呼ばれた）もいたことを記している。したがって町方ばかりで、城方に目が届いていない司馬は、幸田の名著『大阪市史』を正確に読んでいたとは思えない。

経済史家宮本又次の大坂

ならば武士の数「二百」は、司馬の独断だろうか。そうではあるまい。つぎの文章を読んでみれば、司馬がだれの研究に依拠して、『花咲ける上方武士道』や『大坂侍』を構想したかがわかるだろう。

> 元来歴史的にいって商業資本は複雑な役割をなすもので、無性格性をもっている。
> （中略）
> 「御奉行の名さえも知らず年暮れぬ」が大阪町人の心境であるとするならば、御公儀にも御屋敷にも不即不離なのである。その対決はきわめて稀薄ともみえる。無抵抗的ともみえる態度があって、一見権威に迎合的な外観を呈したところもある。またそれゆえに

こそ商業都市として万貨の集散が可能となったのである。

右は、経済史家として著名であった宮本又次（一九〇七〜九一）の代表作『大阪町人論』（一九五九、のち著作集八所収）の一節である。同じく経済史家の宮本又郎は、父のこの作品について、

> 大阪の商家で生まれた父・宮本又次は、家業を継がず学問の道に入り、『株仲間の研究』などを書いて、早くから商業史研究者として知られるようになっていたが、中年以降は大阪の歴史研究に大きなエネルギーを注ぐようになった。（略）父にとって、四〇冊以上に及ぶ大阪や大阪町人に関する著作のうちでも、思い入れひとしおの作品であったに違いない。

と回想している（「古典再読」『中央公論』二〇〇五年八月号）。

その代表作で宮本は大阪町人、大阪商業資本の本質を「無性格性」と捉え、それを「御奉行の名さえも知らず年暮れぬ」という俳人小西来山（一六五四〜一七一六）の一句で象徴しているのである。

この文脈を司馬の「町人の共和国」「合理主義」と重ねてみるとき、そこに、ある種の共通点を見出すことは可能であろう。その共通性は、与力・同心の数「二百人」という司馬

と、「大阪では与力同心といってもきわめて僅かの人数」という宮本との間にも確かめることができる。言い換えるなら近世の大坂を「町人の都」と捉える論者は、返す刀で、「武士の少なさ」を強調してしまっているのである。

「町人の都」の通弊

この通弊は、相当にはびこっている。大谷晃一『大阪学』（新潮文庫、一九九七）には、大坂の人口が明和二年（一七六五）に四二万三四五三人であったが、武士は「全部を合わせても五百人を超える程度であった」、したがって「武士はほとんどいないも同然であった」とみえる。「いないも同然」は、宮本の「きわめて僅か」とほぼ同義である。

一桁違う数値を示して期待をもたせたのは、歴史家脇田修である。氏は『近世大坂の経済と文化』（一九九四）のなかで、つぎのように述べる。

> このように大坂における武士人口は、多く見積もっても約一〇〇〇名、市内にたまたま来住している者を入れても、それは一五〇〇名を超えなかったと見られる。それは人口三〇万から四〇万の大都市において、〇・五パーセント以下であって、いうに足りないものであった。

司馬の二〇〇〇人、大谷の五〇〇人と来て、脇田は一〇〇〇〜一五〇〇人とするのであるが、論者によって、武士の人口が簡単に変わるのには驚く。いかに不確かな数値のうえに、「町人の都」論は立っているかがわかる。「いないも同然」「きわめて僅か」「いうに足りない」という表現にも、共通の感覚を感じさせる。

その意味で、「町人の都」を唱え続ける限り、大坂の武士は、その人数すら正確にわからないのである。というよりも、「数えよう」という意欲が起こらないのである。あえて「武士の町」という問いを立てる意味は、そこにある。「人」を数えるということは、その人に「意味」を感じてはじめて可能となる行為である。

平成七年（一九九五）一月十七日早朝、阪神・淡路を襲った大地震は、総計六四三四人（二〇〇六年消防庁）の命を奪った。この数値は、震災直後の死者不明者「数人」という報道以後、延々と数え続けることで確かめられた数値である。満足に遺体が確かめられない数も、また行方不明情報から死が確認されるまで、何ヵ月も要した数も含まれている。最愛の人の「死」を確認するという行為を家族や隣人・知人たちが続け、それを行政も支援したからこそ、六四三四人という数値に到達したのである。「かなり多い」とか「数千人」という概数で済ませたり、世帯主だけをカウントして済ませる感覚とは絶対的に違う「人」の意味を、阪神・淡路大震災を通じて私たちは学んだ。その教訓は、九・一一にも四川大地震にも生かされている。

繰り返すが、「人」を数えることは、人に「意味」を感じてはじめてできる行為である。武士の存在に「意味」を感じない限り、その数は数えられない。したがって適当な数値を挙げて済ませる限り、「町人の都」大坂を説く論者は、一度たりとも大坂の武士に「意味」を感じてこなかったといっていい。しかもそれが、司馬といい、宮本・脇田といい、揃いも揃って大阪生まれの人なのである。「武士の町」という問いを立てることは、大阪人の歴史認識を問い直す作業にも通じているといえる。

一万人の武士

「町人の都」大坂を前提にしながら、唯一、武士人口を一万人かそれ以下という桁違いの数字を挙げた論者がいる。長年、大阪市史編纂所で『新修大阪市史』編集の労をとっていた渡邊忠司である。渡邊は、『町人の都 大坂物語』（一九九三）でその数値を挙げたが、渡邊の推計に信頼が置けるのは、その数値が根拠をもっているからである。渡邊はのちに、この数値は、元禄八年（一六九五）刊行の『公私要覧』に載せられた武家のデータによったと述べている。ここにきてはじめて、武士の人数がまともに議論できるようになった。人を数えるには、基礎となる史料が要るという、ごく当たり前のことがわかりだしたのである。

しかもそれが、『公私要覧』という市政要覧であるのは興味深い。近世大坂の市政を語る史料に、武家の人数を数えるデータが載っているというのである。ならば作家司馬はともかく、大坂の町を研究する宮本や脇田にとっても馴染みの史料であったに違いない。

渡邊の武士人口一万という数値は、後述するように、わたしの試算、約八〇〇〇人という数値とかなり近い。しかし、それは結果としての近似値である。わたしの試算には、「武士の町」という問いがともなうことで、二つの点で渡邊との間に違いがある。ひとつは武士の人数を、武鑑という武家の紳士録から数え上げた点である。いきおい本書の第二・第三章が、大坂の武鑑に充てられているのはそのためである。もうひとつは、武士、とくに江戸や地方から来た武士が家族をともなっていたかどうか、に神経質であった点である。

この二点は、武家人口の近似値を超えて大きな意味があると思う。なぜなら、武士とはだれであったか、彼らはどこに住んでいたのか、という問いと不即不離だからである。

江戸の川柳に、「須原屋の桜木にのる人は武士」という名句がある。須原屋とは江戸後期の大出版元として知られているが、須原屋は読本・黄表紙・浮世絵だけでなく、武鑑の出版元でもあった。武鑑とは、将軍家を筆頭とする武家の紳士録であるが、武鑑の二大出版元が、江戸の出雲寺と須原屋である。出雲寺が武鑑を江戸城中に納めるのに対し、須原屋は市販の特権をもっていた。だから市中では、武鑑といえば須原屋のそれをさした。「桜木」は、版木が桜の木で作られていたからである。したがって「須原屋の桜木」とは、武鑑に載ることを意味し、それが武士身分であるというのが前掲の川柳の意味である。

武鑑といっても、将軍以下の大名・旗本・御家人などを載せ、大名の場合さらに本国名、系図、藩主名、紋所や鑓印（行列の先頭に立てる）、国許と江戸屋敷、参勤交代の年と月、主だった家臣へと続く。また別に、老中以下の役職者を載せるので、とても文庫判サイズというわけにはいかない。論より証拠、影印本が出されているので、図書館などで手にとってみればいい。ズシッとくること、請け合いである。とくに『大成武鑑』と称されたシリーズは、『広辞苑』ほどの図体である。

武士の居場所

もうひとつの問題は、武士がどこにいたのか、という問いである。大坂城内にいたのか、その周辺にいたのか、あるいは北組・南組・天満組からなる大坂三郷市中に住んでいたのか？

当然のことながら、江戸時代は武士を頂点とする身分制の社会である。全国では将軍がトップで、御三家と続くが、大坂では西国支配のために置かれた大坂城代がトップであった。そして将軍が江戸城に居を構えるように、城代が大坂城に居を構えた。江戸では江戸城を中心に、同心円的に高い身分から低い身分へと居住地が広がっていったが、大坂では、上町台地のもっとも高いところに位置する大坂城から、谷町筋（上町台地が落ち込み、文字どおり谷になっている）をへて、西にどんどんと地形が下がっている。これに合わせて、東に高い身分の武士、西に低い身分の町人が住む（図／武士の居場所）。

したがって大坂城内（A）が、大坂の武士の最上層が住む場所であった。そこには、将軍の名代として大坂に赴任している大坂城代、定番・加番・大番頭・目付をはじめとする、将軍直臣の大名・旗本・御家人が居住した。城代は、京都所司代をへて老中に昇進するためのステップであったので、老中のなかには城代経験者が多い。かの水野忠邦も、そのひとりである。彼ら城内居住者についてはのちに、第五章「大坂城の内と外」で扱うが、これを第一

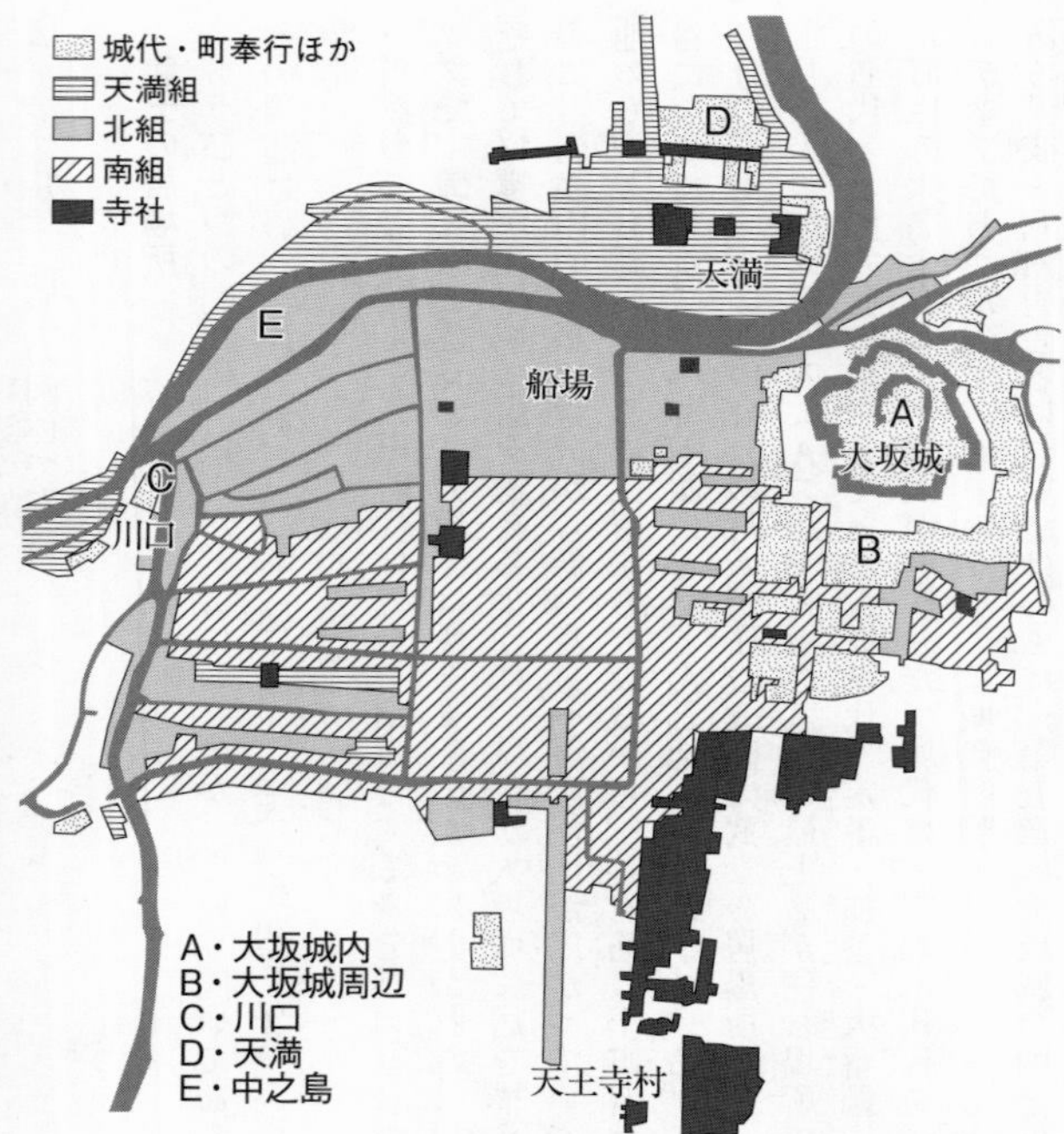

武士の居場所（「天保期の大坂三郷」『新修大阪市史第10巻』所収歴史地図をもとに作成）

のグループとしておこう。

第二のグループは、当初、大坂城京橋口を出たあたりに東町・西町奉行が並んでいたように大坂城の周辺上町（B）に役宅をもつ。これには、大坂町奉行、船奉行、蔵奉行・破損奉行などのように「奉行」と呼ばれた者たち、および代官が相当する。彼らはおもに、万石以下の旗本・御家人から任じられた。唯一、船奉行は安治川と木津川の分岐点川口（C）に居を構えたが、それは堺奉行が堺にいるように、役職上の制約である。このうち町奉行については、第四章「西町奉行役宅を覗く」で紹介する。

第三のグループは、江戸から派遣される大坂定（城）番、町奉行・船奉行らに加勢するため、現地に置かれた武士、すなわち与力・同心たちである。そのうち定番大名付属の与力・同心は、城外の一画に屋敷を与えられて居住した。したがって彼らも大坂城の周辺（B）の居住者であるが、大坂生まれの大坂育ちである点で、天満（D）に住む町奉行付属の与力・同心、川口（C）に住む船奉行付属の与力らと共通する。なかでも天満の一画には、与力町・同心町の名が長く残り、非業の死を遂げた元与力大塩平八郎とともに、大坂の武家の記憶をわずかに語る。大塩は内山彦次郎らとともに、第六章「ふたりの与力」に登場する。

第四のグループはこれらとは異なり、西国大名を中心に、年貢・特産品などの蔵物販売の拠点として、中之島（E）を中心に、天満・西横堀・堀江などに置かれた蔵屋敷と、そこに居住する武士たちである。大坂市中のど真ん中に居住するという点で、第一グループ〜第三グループの武士たちと生態が大きく異なっていた。「武士の町」として同列に論じることに躊躇されるものがあるが、第七章「大坂暮らし」では、その違いが詳しく記される。

第五のグループとして、さらに臨時雇いの武士たちがいた。『大阪市史』の表現を借りると、「大坂で召抱えられ、旧奉行の転任で一旦解雇され、再び、町奉行に仕えるもの」である。彼らの存在は、江戸から派遣される大名・旗本らが軽武装でやってきて、現地で侍を雇用していたことを示し、注目される。ただし居住空間は、仕える武家屋敷の一画に長屋を与えられて住んだと思われるので、どの場所と特定することはできない。

武士の数え方

さて武士の人口だが、移動性の高い第五グループは、試算できる史料に欠けるので除外する。残る第一から第四のグループを、居場所に注目しながら試算してみよう。

第一のグループ、大坂城内の武士については、幸い、彼らの担当した大坂城内の区域割が知られている。それによると城内には追手（大手）門を入って大坂城代、京橋口を入って京橋口定番、玉造口を入って玉造口定番がそれぞれ屋敷を構え、主たる三つの門を守衛していた。そして城代と京橋定番の間には目付屋敷、京橋口と玉造口の間には、山里・青屋口・中小屋・雁木坂の各加番が屋敷を構えた。さらに玉造定番と追手門の間、二の丸の区域には、大番頭が東西に並び、その間に大番衆の小屋が並んであった（図／大坂城縄張図）。

かつて、これら城内の武士の人数を計算した人がいる。文豪森鷗外である。鷗外は『大塩平八郎』（大正三年〔一九一四〕）のなかで、「京橋組、玉造組、東西大番を通算すると、上

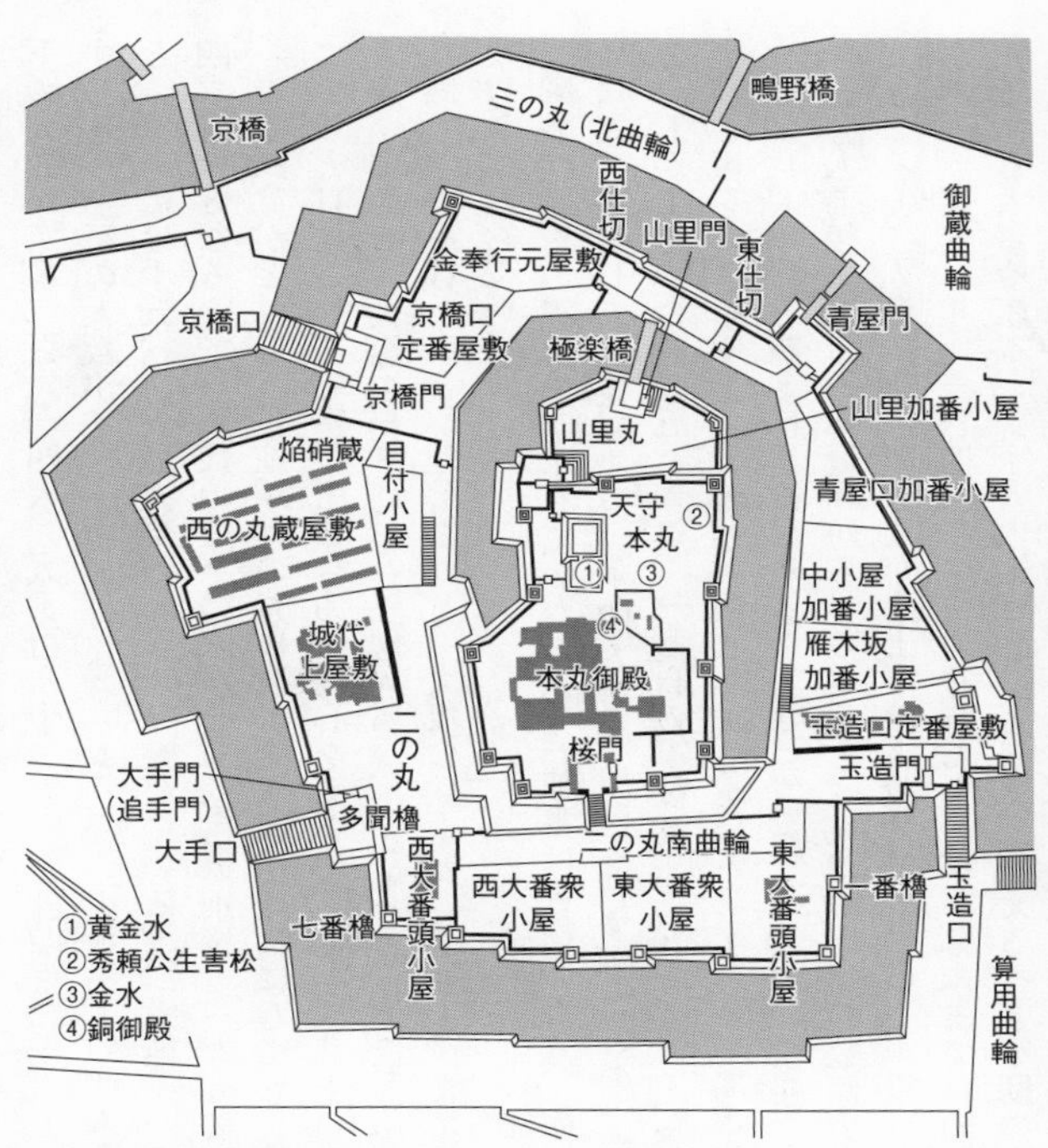

大坂城縄張図（松岡利郎『大坂城の歴史と構造』をもとに作成）

下の人数が定番二百六十四人、大番百六十二人、合計四百二十六人」、「四箇所の加番を積算すると、上下の人数が千三十四人になる」とし、「定番以下の此人数に城代の家来を加えると、城内には千五六百人の士卒がいる」と書いている。二六四＋一六二＋一〇三四で合計一四六〇人となるので、城代の上下の人数を一〇〇〇人前後とみなしていることとなる。

この試算がどれほど正確かはのちに検討するが、それにしても、城内の士卒の数を計算しているとはすごい。町奉行所の与力・同心をもとに、適当に武士の人数を推測する姿勢とは大違いである。大塩の反乱に、どう城内の武士が応じたかという緊張感をもって、『大塩平八郎』が書かれたことが理解される。大坂の武士という以上、まずは城内の武士に目がいかなければならない。

鷗外は試算の根拠を明示していないが、「加番は各物頭五人、徒目付六人、平士九人、徒六人、小頭七人、足軽二百二十四人を率いて入城する」との一節は、相当、具体的である。しかもその合計二五七人は、一万石の軍役高二三五に近い。ちなみに鷗外にしたがって士卒の数を書き出すと、大番が一組八一人（東西で一六二）、加番が一組二五七人（四組で一〇二八、一〇三四とは誤差がある）、定番が一組一三二人（両組で二六四）、そして城代が一〇〇人前後となる。知行高からくらべると、城代の士卒の数が少なすぎる。

ところで、大名・旗本にしたがう士卒の人数については、軍役令という幕府が定めた基準がある。慶安二年（一六四九）に決められたものが、幕末まで存続した。それによって、主人である大名や旗本、御家人の知行高に応じて、整えるべき軍団の数が決められていた。二〇〇石から一〇万石までのランクがあり、二〇〇石の場合、軍役人数は五人（侍・甲冑取・馬口取・小荷駄・鑓持）。万石を超えると、騎馬や鉄砲・鑓・弓・旗の部隊が中心となる。参勤交代の行列などは、それにしたがっている。

これを大坂城内の武士に当てはめた場合、たとえば城代は、おおむね五万～一〇万石級の知行をもつ譜代大名から任じられたので、五万石なら五万石、七万石なら七万石の軍団を整えることとなる。そうすると同じ役職なのに、士卒の数に格差が生まれることとなる。城内外に住む家中の数にも、その都度、格差が生じる。実際、江戸の前期、城代は六万石、五万石、あるいは三万石それぞれの知行高に見合う軍役で勤めている。しかしこれでは、大坂城内外の屋敷のスペースは限られているのに対し、不合理でもある。

ところが享保八年（一七二三）、足高の制が作られ、大名や旗本、御家人の就く役職に応じて基準の家禄高が決められた。ひとつの役職に、ひとつの家禄高、つまり役高が決められたのである。これによって、格差のある知行高でなく、一律の役高で士卒が整えられるようになった。ただし知行高が役高に見合っていれば問題ないが、知行高が役高以下の場合は、負担増となる。そこで、その役職に就いている間、「足高」といって不足分が幕府から支給された。こうして足高の制度は、比較的低い知行の者にも高位の役職に就く道を開くこととなったとされている。

以上を踏まえ、武士の人数をカウントする場合、足高制による役高を基本とする。

大番と加番

まず、大坂城の守衛部隊である大番・加番から試算するが、それには彼らが当時、「番方」と呼ばれた純粋な戦闘員として単身、大坂城に乗り込んだという事情もある。

旗本の任ぜられた大番は幕府直属軍の中枢で一二組からなる。一組は番頭一人、組頭四人、番士五〇人で編成され、二組ずつが一年交代（毎年八月）で二条城・大坂城を警護した。残る八組は、江戸城を警護した。

大番頭一人の役高は五〇〇〇石で、軍役は一〇四人。役高六〇〇石級の組頭四騎の軍役高は一騎一四人、四騎で五六人。さらに二〇〇俵高の大番士五〇騎は一騎につき六人、五〇騎で三〇〇人。合計すると一〇四＋五六＋三〇〇で四六〇人となるが、東西二組なので九二〇人となる。あわせて大番には、彼らとともに移動する与力一〇騎と同心二〇人が組ごとについている。東西で二〇騎と四〇人、合計六〇人になる。それらを含めると大番配下の人数は、九八〇人となる（1）。

これら大番に加勢するのが加番で、東大番頭に付属して山里（一加番）・青屋口（三加番）、西大番頭に付属して中小屋（二加番）・雁木坂（四加番）の四加番で構成された。彼らも毎年八月、順番に交代した。

加番大名の居住地も大番と同様、「小屋」と呼ばれたが、「江戸時代大坂城縄張・建築配置図」（松岡利郎『大坂城の歴史と構造』所収、一九八八）によると、玄関・広間・書院・台所・寝間などのある武家屋敷然とした藩主の居住空間を囲むように、狭い長屋（家中小屋）

が立ち並んでいる。主人の屋敷を囲むように、従者が長屋を与えられて住むのは、武家住居の基本形式だが、四つの加番小屋がそれぞれ、門と仕切りで厳重に囲われている。

その人数であるが、嘉永六年（一八五三）から一年間、青屋口加番を勤めた三河田原藩の場合、一万石の軍役高の二三五人に対し、二八〇人が勤務した（松尾美恵子「近世末期大坂加番役の実態」『徳川林政史研究所研究紀要』一九八三）。武士・徒士・足軽・中間・従者・その他の身分からなり、すべてを武士とすることは躊躇されるが、少なく見積もっても二〇〇人はかたい。彼らも戦闘者として単身勤務だったので、単純に合計すると四家で八〇〇人となる。しかし加番の役高は雁木坂・青屋口の一万石から中小屋の一万八〇〇〇石、山里の二万七〇〇〇石まで格差がある。それを考慮して、四加番で一〇〇〇人と見積もる（2）。

同じように単身で、一年交代の勤務に目付がおり、居住空間として書院・台所・居間などがみえる。目付は実例もなく判断しにくいが、ふたりで三〇人というところだろうか（3）。ここまでですでに、二〇〇〇人を超える。

城代と定番

つぎに城代と定（城）番がいる。一万〜二万石の大名が任じられた定番は城代と手分けして、大坂城の三門を守衛した。したがって追手口に城代上屋敷、玉造口には玉造定番屋敷、京橋口には京橋定番屋敷のように、居所は、それぞれの門に近接していた。「江戸時代大坂城縄張・建築配置図」によれば門を入ると玄関、広間、大小の書院、そして台所がある。な

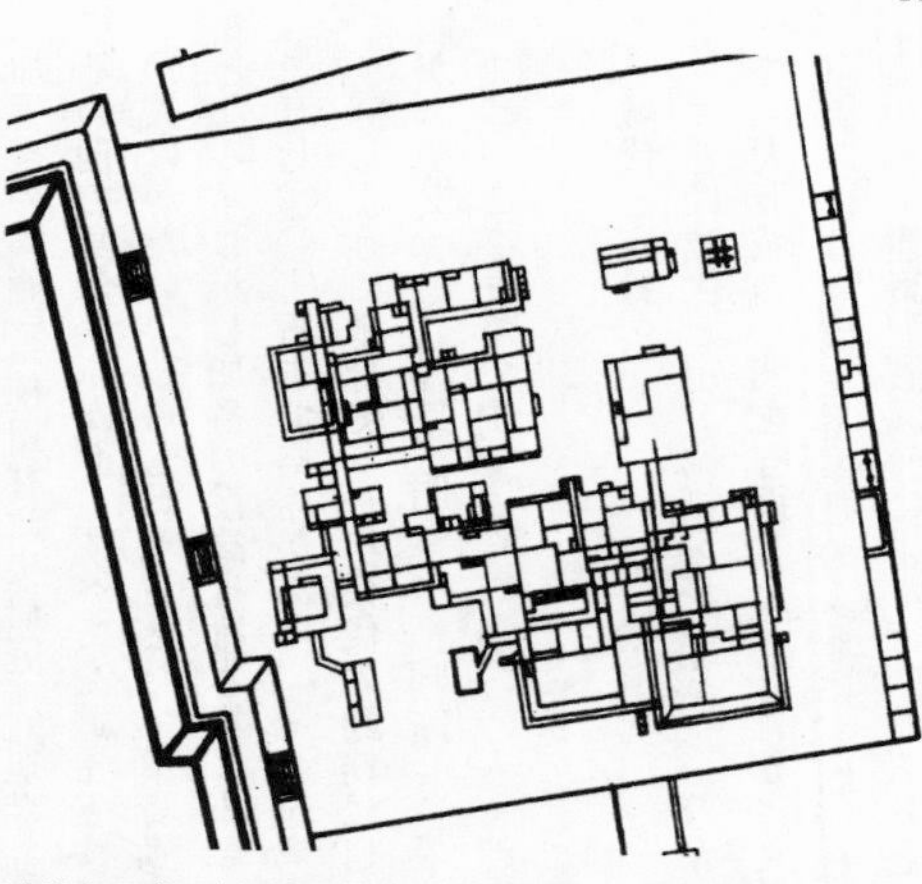

城代上屋敷（志村清制作「徳川氏ノ大坂城総図」より。部分）

によりも彼らを特徴づけるのは、「奥」の存在である。奥の居間・台所ばかりか、城代上屋敷には長局（ながつぼね）までみえている（図／城代上屋敷）。これはまさに江戸と同様、大名屋敷そのものである。

奥の存在は、同じく大坂城を守衛する軍事部隊「番方」の一員でありながら、城代と定番が、大番、加番と決定的に違う点である。それは彼らが番方であるとともに、町奉行らとともに民政にかかわる「役方」でもあったからである。その点は、任期とも符合する。大番・加番の任期は一年であるが、城代・定番は、町奉行らと同じく、不定期で、数年にわたる場合が普通である。この任期の長さはまた、家族との暮らしを前提にしている。大阪城天守閣研究副主幹宮本裕次によると、彼らの家族同伴は、寛文（かんぶん）年間（一六六一～七三）、十七世紀の後半に認められている。大坂の陣後の臨戦態勢が平時に変わるなかで、彼らの家族同伴が公認されたのであろう。

そればかりではない。大番・加番と城代・定番の格差は、城代と定番には、大坂城内のみならず、大坂城外にも屋敷があった点にも現れている。彼らは城内を上屋敷、城外を中屋敷・下屋敷と呼んでおり、それに付随して、家中の屋敷も、城外に散らばっていた。たとえば城代には、中屋敷に隣接した五軒屋敷のほか、表裏七軒・広小路・寺山・十三小路・清水谷など、城外に各屋敷があった。表裏七軒が六三九一坪、清水谷屋敷が二万六八七一坪というように、その規模は広大で、町域にすれば北は上本町一丁目から南の同四丁目までを占める。

その人数についてだが、宮本裕次によれば、城代の役高には明確な規定がないようである。城代に就いている実例から、三万石から五万石の範囲が想定されるという。三万石の場合、軍役高は六一〇人、五万石だと一〇〇五人になる。弘化二年（一八四五）の城代、上田藩松平氏五万三〇〇〇石の場合、その行列図には約四三〇人が描かれているが、文政五年（一八二二）の七日市藩前田氏一万石の行列図は、加番だが約三六〇人いる（大阪大学総合学術博物館叢書『城下町大坂』二〇〇八。本書一三〇ページも参照）。双方とも軍役数とかなり誤差がある。行列図で判断するのは危険だということだろう。

一方、定番は一万石クラスが就任者の基本であるので、役高一万石とみると二三五人となり、京橋・玉造の二組で四七〇人となる。したがって城代をどう見積もるかで数値も動くが、城代と両定番を合わせて最低一〇八〇人、最大一四七五人となる（4）。

難しいのは家族の数で、家族連れが、主人ばかりか、家老や公用人など家中にまで広がれば、その人数は膨らむ。城代のように大坂城内の上屋敷だけでなく、城外に中・下屋敷や家中屋敷が広がっている場合、その可能性はきわめて高いが、それを特定できる史料も研究もいまだ十分ではない。ただ、のちに第五章でみるように城代と定番は側室を置き、子女と一緒に暮らしていたこと、「奥」には奥女中がいたことなどから、二〇〜三〇程度の人数を見積もることができるのではないか。城代三〇人、両定番二〇人とすると家族の数は、七〇人になる（5）。もし家中の一部でも家族をともなっていれば、プラスαとなる。

これで大坂城内居住者（一部、城代や定番の家臣は城外に居住しているが）の人口は、（1）九八〇、（2）一〇〇〇、（3）三〇、（4）一〇八〇〜一四七五、（5）七〇の合計三一六〇〜三五五五となる。

奉行衆

つぎからは大坂城外居住者となる。城内の番方に対し、「役方」と呼ばれた彼らのうち、その実態がわかる例として大坂町奉行がある。原則として知行高一〇〇〇〜三〇〇〇石の旗本が任じられ、役高は一五〇〇石。軍役の人数は、供連三三を含め三九人である。

一方『大坂袖鑑』によれば、奉行本人のほかに家老二人、公用人二人、取次二人、大目付・書翰各一人の八人が載る。また、西町奉行久須美祐明が、天保十五年（一八四四）に初午の席で目通りした家臣・下僚は全員で一二人。また同じく西町奉行を勤めた川村修就が、着任にさいして家中長屋を割り当てたのは一八人である（彼らはのちに第四章で登場する）。町奉行は大坂に軽装備で赴任したことが知られているので、少なく見積もって家臣・下僚を一五人とし、それぞれの家族を平均四人とすれば六〇人となる。家族を四人とするのは、当主夫妻と子どもふたり、あるいは当主夫妻と両親というケースを想定しているからである。家長である奉行の家族は、妻妾や両親・子どもに奉公人を含め一〇人程度と想定すれば、町奉行の場合、武家人口の合計は七〇人となる。東西の町奉行と川口の船奉行の三奉行合わせて二一〇人である（6）。

また大坂城の管理・営繕にかかわる鉄砲・弓・具足・金・蔵・材木（のちの破損）の、いわゆる六役奉行は、鉄砲奉行が二人など複数いるので、全体で一四人前後となる。家中・下僚の構成はわからないが、町奉行より少ないとして五人と見積もる。その理由は、のちに第六章でみるように彼ら自身「地役」と自称し、俸禄も低く、町奉行らとは一線を画したからである。家族も四人程度とすれば、二〇人となる。奉行自身と家族の五人を加えると二五人となる。全員で一四人いるので、六役奉行全体で三五〇人となる（7）。

つぎに代官がいる。都市大坂になぜ代官がいるのかと不審に思われるかもしれないが、摂津・河内から播州にかけての幕府領を管轄する代官が当初三人いた。のちに鈴木町と谷町の二代官所となるので、それを念頭に試算する。天保十年（一八三九）の『大坂便用録』（これも後述するように大坂武鑑のひとつ）によれば、谷町が元〆以下一四人、鈴木町が一五人。ところが同年の『県令集覧』（県令とは代官の唐風表記、全国の代官・郡代を載せている）によれば、ともに一八人である。かたく見積もって、代官本人を含め一五人とする。

その家臣・下僚も家族をともなっていたことは、第七章にみるように大坂代官竹垣直道（たけがきなおみち）に証言がある。竹垣の場合は、母と子女で五人程度である。平均三人とすれば、一五人で家族四五人にはなるだろう。二代官所なので合計九〇人となる（8）。

以上、奉行・代官の人数は、（6）（7）（8）の合計、六五〇となる。

与力と同心

つぎにカウントするのは、定番・町奉行らに付属した在坂の与力・同心たちである。大番にも与力・同心がいたが、彼らは城内にいて、大番とともに移動するので、先に扱った。加番と城代は家中だけで、与力・同心はつかない。

まず与力は、玉造口・京橋口の両定番付属が各三〇騎おり、東西の町奉行付属が各三〇騎、船奉行付属が一〇騎、合計すると一三〇騎（馬上の特権があるので人ではなく騎で数える）となる。

彼ら与力については第六章で詳しくみるが、集団で居住し、一種の共同社会を作っていた。相互に玉造組・京橋組・天満組・川口組と呼び合っていたことが、砲術家で玉造組の一員であった坂本鉉之助（げんのすけ）の随想「咬菜秘記（こうさいひき）」にみえる。坂本は組の違う大塩平八郎を評して、「天満組風の我儘学文（わがままがくもん）」といっている。

彼ら与力だけですでに一三〇騎となるが、常駐組には、与力に加えて同心がいる。同心は玉造組・京橋組に各一〇〇人（計二〇〇）、天満組に東西各五〇人（計一〇〇）、川口組に五〇人（ただし身分は水主（かこ））、合計すると三五〇人。これに六役奉行の付属同心が、鉄砲奉行五〇人、弓奉行二〇人、具足奉行一二人、金奉行一五人、蔵奉行一八人、材木（破損）奉行一五人の合計一三〇人いる。これで同心は、四八〇人になる。これに蔵・破損奉行に付属する蔵番（くらばん）一三人、小揚頭（こあげがしら）四人、杖突（つえつき）六人、小揚（こあげ）一〇〇人を加えると、六〇三人となる。

この結果、与力一三〇、同心四八〇、蔵番ほかが一二三人で、合計七三三人となる。彼らが家族世帯を構成していたことは、大塩平八郎をみるまでもなく明らかで、一様に五人家族とみれば三六六五人、四人とみれば二九三二人となる。少なく見積もっても、三〇〇〇人はかたいだろう（9）。

武士の人口

大坂の武士として最後にカウントするのは、蔵屋敷の武士たちである。蔵屋敷は中之島界隈から天満・西横堀・堀江と、大阪市中の堀割に沿って散在していたが、いずれも町人地として扱われ、町人が名代であった。だが住民は、武家である。その規模は佐賀藩のように四〇〇〇坪の壮大なものから四〇〇坪程度の小さなものまで、知行高に応じてさまざまだが、佐賀藩の場合でも留守居をはじめとしてわずか九人である。家族を含んだとして二〇人程度だろうが、これは最大の部類なので平均値を一〇人とみると、約九〇藩の蔵屋敷では九〇〇人となる（10）。

以上を集約すると、つぎのようになる。

大坂城内居住者（1）〜（5）　三一六〇〜三五五五人
奉行・代官（6）〜（8）　六五〇人
与力・同心ら（9）　三〇〇〇人
蔵屋敷（10）　九〇〇人

総計七七一〇人から八一〇五人となる。少なめに見積もっているが、八〇〇〇人が確実なところだろう。そのうち城内居住者が約四〇パーセントを占める。大坂城とその周辺が、「武士の町」大坂にとって大きな位置を占めていたことを意味する。したがって、これをカウントしなければ、大坂の武士は「いないも同然」となる。

城下町にとって、城内とその周辺武家町に居住する武士の比率が高いのは、江戸を含め、各地の城下町の構造と同様である。したがって大坂も、ひとつの城下町であった。

しかし町人人口が、三五万人から四〇万人の範囲であったことに比すれば、武士はわずかに二パーセント程度であった。ほぼ半分の江戸とはくらべものにならない。城下町の平均が武家人口一〇パーセントとされるので、それとくらべても大坂は、町人の多い都市であったということができる。「町人の都」という定説は、人口からみたとき間違いではない。

だが物事には、量と並んで質がある。量が少なくとも、質が決めることも考えられる。この点の検討が、つぎに必要である。

第二章　『大坂武鑑』は語る

「お奉行の名さへ覚えず」

武士の人数を推計したところでつぎに、大坂の武士の情報、武鑑について語ってみよう。近世の大坂を語るとき、よく引用される句に「御奉行の名さえも知らず年暮れぬ」というのがある。新任奉行の名前も知らないうちに歳末が来た、という程度の意味である。ところが、それを深読みすると、

「御奉行の名さえも知らず年暮れぬ」が大阪町人の心境であるとするならば、御公儀にも御屋敷にも不即不離なのである。その対決はきわめて稀薄ともみえる。

となる。先に引用した、宮本又次『大阪町人論』の一節である。

飯田正一(まさかず)『小西来山俳句解』（一九八九）によると、ただしくは「お奉行の名さへ覚えずとしくれぬ」というものである。宝永(ほうえい)元年（一七〇四）十一月、西町奉行が松野助義(すけよし)から大久保忠形に替わったことを詠んだ句とされる。詞書(ことばがき)がついていて、「大坂も大坂まん中にすんで」とある。当時、この川柳を詠んだ小西来山は淡路町(あわじまち)に住んでいた。淡路町は船場の町

のひとつで、東横堀川から西に一〜二丁目があった。ひとつ北が平野町、南が瓦町、さらに三筋南に下がると本町通があり、本町橋を挟んで対岸、東側には西町奉行所があった。その意味で来山と「お奉行」は、目と鼻の先にいる。

新旧奉行の交代はつねに町触（まちぶれ）で公示されたし、ほうっておいても奉行の動静が伝わってくる位置関係に両者はいる。したがって、お奉行の名を覚えていないということはありえない。それにもかかわらず、「お奉行の名さへ覚えず」と詠むところに、常人でない俳諧点者のプロらしさがある。飯田の解説に、「洒脱な作者の一面をうかがわせる」「自らを俗事にかかわらぬ市隠に擬した」とあるように、とても一般の大坂町人の認識とはいえないだろう。そもそも大坂町人の常識を詠んだのでは、俳諧作者の名がたたないではないか。それなのに宮本をして「大阪町人の心境」と思わせるところが、名句の迷句たるゆえんである。

そこで「お奉行の名」が、どの程度、大坂町人に知られていたのか、あるいは大坂町人は、お奉行の名をどの程度、知りたがっていたのかが問題となる。いよいよ武士の紳士録、武鑑の出番である。

江戸の武鑑

武鑑が、ことさら目新しいわけではない。とくに江戸の武鑑といえば、大なり小なり知られている。江戸の時代小説を書く人なら、一度は目を通している。たとえば『鬼平犯科帳』の著者池波正太郎は、武鑑をつねに傍らにおいて執筆していたという。たしかに台東（たいとう）区立図書館の一画に再現された氏の書斎には、辞書・切絵図類と並んで『大成武鑑』が置かれている。必読の書であったのである。

武鑑といえば江戸の武鑑をさすが、それは江戸が、将軍を頂点とする「武士の町」であったからにほかならない。その武鑑の成立は、藤實久美子によって解明されたといってよい（『江戸の武家名鑑』二〇〇八）。詳述する余裕はないが、武鑑が成立する〈場〉は江戸にあった。しかし当初、〈技術〉は京都の書肆が提供した。冊子体としての武鑑を出版する力が、初期の江戸にはなかったのである。都市江戸の充実とともに、やがてその担い手は京都から江戸の書肆にとって代わられる。

武鑑の成立には、武鑑に対する需要が必要である。その需要とは、だれが大名で、どんな家柄で、どこに屋敷があるかということを知ることである。さらにその大名が、どの役職に就いているかも、情報として重要である。そこから武鑑には、大名の家柄がわかる「大名付」と、その役職がわかる「役人付」の双方の情報が込められるようになる。紋所はまた、江戸城中に登城する大名の氏素性を、行列の途上に掲げられた纏や槍などで判断するのに必要であった。井伊大老暗殺を扱った『桜田門外ノ変』で、作家吉村昭は、つぎのように書いている。

> 鉄之介は、岡部とはなれて濠端に近づき、武鑑を懐から取り出した。二、三人ずつ散った同志たちも、大名行列見物をよそおって一様に武鑑を手にしていた。

襲撃の首謀者関鉄之介たちが、安政七年（一八六〇）三月三日上巳の節句の朝、登城する大老井伊直弼を待ち受けるシーンであるが、大名行列見物の必須のアイテムとして「大名付」の武鑑が登場する。

一方、「役人付」は、老中はもちろん、奉行や代官・奥医師など、幕府要人を知るうえで不可欠であった。

また武士にとって武鑑は、相互の人間関係を築くうえで必要な情報に溢れている。知行高・居城・受領名はもちろん、その出自、系図、縁戚関係、国産品、参勤交代の年月などが書かれ、武家の交際において不可欠な情報であった。したがって武鑑の需要は、まず武家自身にあった。

そこで武鑑は、将軍のいる江戸城をはじめ有力大名のもとに届けられるケースと、一般庶民や寺社に販売されるケースの二つが生まれ、二つの書肆がそのルートを独占した。出雲寺と須原屋である。

こうした需要に応えるために武鑑は、幾度となく改変を重ねていくが、その完成形は出雲寺版では『大成武鑑』であり、須原屋は『明和武鑑』『文化武鑑』のように和年号をつけて呼ばれている。須原屋の文政十三年（一八三〇）版を例にとると、巻一、巻二は大名付、巻三は役人付、巻四は西丸役人付で、丁数は総計五〇〇丁を超える。全体を積むと一〇センチの高さになる。机上でないと、とても開けられない。ときどき、簡略化した「略武鑑」や

「摺り物武鑑」が考案されるが、それが定番の大武鑑にとって代わることは決してない。この図体の大きさが、江戸武鑑の特色でもある。

京坂の武鑑

ところでこの武鑑、京都や大坂にもあった。

まず京都武鑑を集めて、驚かせたのは京都市歴史資料館である。二〇〇三〜〇四年にかけて、『京都武鑑』上下として出版された。京都にも新撰組というヒーローがおり、また京都所司代以下の武士が常駐していたが、京都にはまた、「町衆の祭り」祇園祭という代名詞があり、これまで武士の存在が問われることはなかった。そこに武鑑を集めてみせたのであるから、青天の霹靂であった。

『京都武鑑』には、宝暦九年（一七五九）から慶応三年（一八六七）までの六三枚の武鑑が集められているが、いずれも両面刷の一枚物である。冊子体ではないのである。江戸の武鑑のような『六法全書』や『広辞苑』並みの武鑑を予想していると、見事に裏切られるほど簡素である。

もうひとつ注目されるのは、『京都武鑑』は、その大半を三井文庫所蔵品から集めていることである。都内の三井文庫には、豪商三井の京都店に関する史料が豊富にあるが、その京都店で集められた武鑑が、後年、三井文庫に収められていたのである。

惜しむらくは『京都武鑑』は、その独特な形態の武鑑が、いつどのようにして成立したのか、前史の解明を欠いている。

一方、大坂にも両面刷の一枚物の武鑑があった。『浪華御役録』という名前がついている。したがって京坂では、両面刷の一枚物の武鑑が流行っていたのだが、それは後発の武鑑というべき商品である。上方でもまず冊子体の武鑑が先行し、のちに一枚摺の武鑑が登場するのだが、そのへんの事情を語るためには、大坂で武鑑がどのようにして成立したかを探る必要がある。

大坂武鑑と地誌

大坂の場合、武士情報は武鑑という単独の媒体としては姿を現さない。ならばどこに記載されるかといえば、それは大坂の地誌情報のなかに、まずは登場するのである。

大坂の地誌のはじまりは、延宝三年（一六七五）発刊の『難波名所蘆分船』、別名を『大坂鑑』というものである。一無軒道冶という紀州の浪人の作品であるが、彼は同八年に『名所絵入難波鑑』という姉妹編を出している。

その『難波名所蘆分船』（以下『蘆分船』）は、「延宝三年三月二十五日、難波の旅館で筆を採ったもの」と序文にあるが、「神社仏閣につき知れるところを書き記し」というように寺社の紹介である。第一冊は難波京とその周辺、第二冊の住吉大社から北上し、第六冊の太融寺・天満天神に終わるという構成をとっている。それに対し『名所絵入難波鑑』（以下『難波鑑』）は、寺社の神事・仏事および年中行事を記したもので、正月の氷様・門松から十二月の納庚申・追儺まで、これまた六冊で構成されている。このなかには、七月の項に「御代御番代」があるが、それは「御勤番の諸士隔年にかはらせたまふ」というように、のちに八月はじめに定式化される加番・大番衆らの交代をさしている。その意味で小さいながらも武士情報が、年中行事に入り込んでいるのである。

この『蘆分船』と『難波鑑』の姉妹作に対し、延宝六年（一六七八）、かめや又六から「道おしえのため」として『延宝大坂町尽』が出版されている。町筋案内を主題とするもので、「町中名寄」には、「道修町平野あハぢにかはら町びんごあづちに本町としれ」と、まるで「丸竹夷二押御池」と京都の通りの名を歌う俗謡ばりの節で謳われている。

慶長二十年（一六一五）の豊臣政権壊滅から六十年、徳川政権のもと、「人家立つづき、町なみ広なり」と復興した都市大坂の情報が、大坂人に求められていたのである。

『難波雀』

大坂人のための大坂情報はさらに、延宝七年（一六七九）、画期的な地誌『難波雀』（京堀川小嶋屋長右衛門、大坂心斎橋筋古本屋清左衛門）を生み出す（図／『難波雀』）。『蘆分船』や『難波鑑』に対し『難波雀』は、「摂陽大坂ハ扶桑東西のちまたにして、渡海人馬の往来ハ昼夜の分かちもなく、百工万商の作業ハ縦横に充満せり」というように、文字どおり「百工万商」の案内書である。ところが、その冒頭に（一）大坂城代を置き、以下（二）城番、（三）町奉行と在坂の幕府機構を並べ、（一一）諸大名蔵屋敷に及ぶ。もっとも

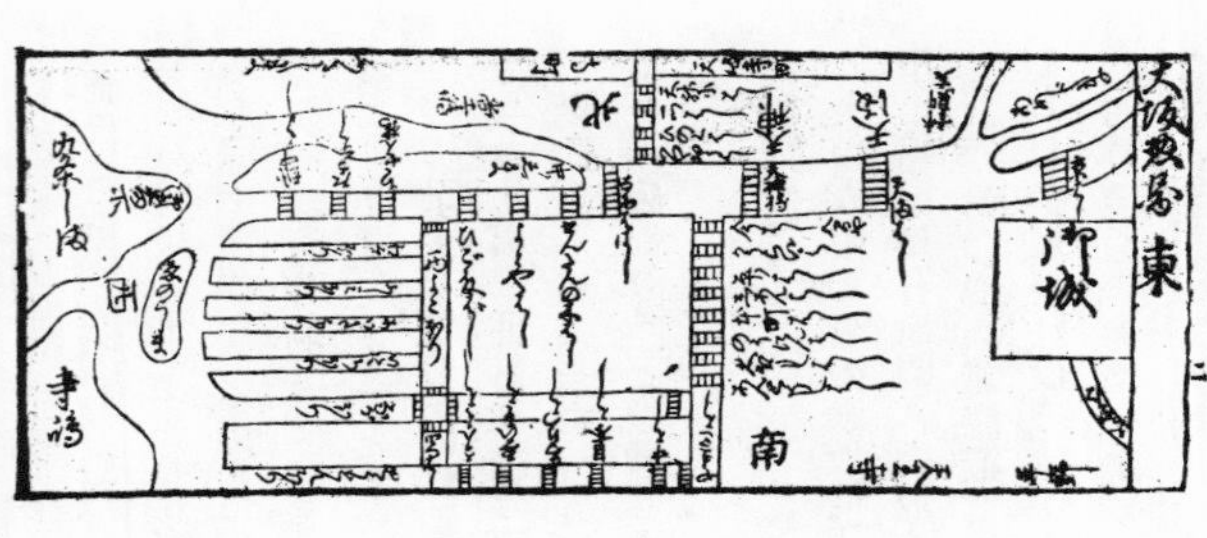

多く丁数を占めるのは蔵屋敷である。こうして『難波雀』にはなによりもまず、武鑑としての情報が入っている。

つぎに登場するのが過書船年寄、上荷船惣代、惣会所、北・南・天満の三郷惣年寄、惣代といった市政中枢に関する情報で、言い換えるなら市政要覧である。この武士情報と市政要覧で、すでに『難波雀』の三分の一を占めている。残る三分の二を占めるのが、商工、寺社・行事、芸能に関する案内である。項目でいえば商工は、（三六）御用聞町人から（一一二）出加籠居付所に及ぶ。中心はいろは順に寄せられた「諸商人諸職人売物所付」で、丁数は二〇に上る。

最後を飾るのは、三十三ヵ所札所、諸宗寺院数、年中行事といった情報を挟んで（一一三）大医月から連歌・俳諧・手跡・茶の湯・能・浄瑠璃などをへて（一五〇）三味付にいたる、いわば芸能者一覧である。わずか縦八・五センチ×横一九センチの小冊子に、じつに多くの情報が詰め込まれていると感心する。

『摂津難波丸』から『難波丸綱目』へ

難波雀目録
一　御城代
二　御城番
三　御町奉行
四　御具足奉行
五　御鉄炮奉行
六　御弓奉行
七　御船奉行
八　御金奉行
九　御材木奉行
十　御代官
十一　諸大名衆蔵屋敷所付
付御用聞付
御蔵所付
蔵元衆付
惣代付
惣年寄付
用達人付
銀かけや付
十二　諸国船宿付

『難波雀』（関西大学図書館蔵）

地誌に武士情報を収める体裁は、その後、『摂津難波丸』（元禄九年〈一六九六〉）、『難波丸綱目（こうもく）』（延享（えんきょう）五年〈一七四八〉）などにも継承され、順次、改訂が加えられていく。大坂の地誌情報の先学である多治比郁夫がいうように、『摂津難波丸』『国花（こっか）万葉記』（元禄十年）、『難波丸綱目』は、「修正を重ねながらも、同じ版木を使用した」兄弟関係にある（『校本難波丸綱目』一九七七）。したがって内容はおおむね、つぎのような『摂津難波丸』（以下『難波丸』）の構成にしたがっている（図／『難波丸綱目』）。

第一冊　上之一　城代／城番／町奉行／代官など／与力同心／用聞／蔵屋敷／市中地誌
第二冊　上之二　三郷公用人／城中出入職人／惣年寄・惣代／諸国船宿・問屋／諸芸術名匠／諸職商人／職人・商人買物所付
第三冊　下之一　摂津国の地誌（住吉郡から武庫（むこ）郡まで）
第四冊　下之二　摂津国の地誌（兎原（うばら）郡から能勢（のせ）郡まで）
第五冊　下之三　和泉（いずみ）の役人録／和泉国の地誌（和泉郡か

ら日根郡まで）

これからも第一冊は、武鑑に相当することがわかる。

『難波丸綱目』は、この形式を保持しながらも、ほぼ半世紀の時間差を考慮して、『難波丸』の第一冊と第二冊を全面的に改訂している。名所や年中行事ならともかく、人事情報は更新されなければ情報としての価値が半減するからである。このとき、改訂は収録人数の増加をもたらし、『難波丸』の第一冊と第二冊を、それぞれ二分冊させることとなった。たとえば『難波丸』の第一冊にあった城代から用聞・市中地誌までが『難波丸綱目』の第一冊に、蔵屋敷は三郷公用人とともに『難波丸綱目』の第二冊へと移動したのである。

こうして武鑑的情報は、『難波雀』から『難波丸』、『難波丸綱目』へと増加の一途を

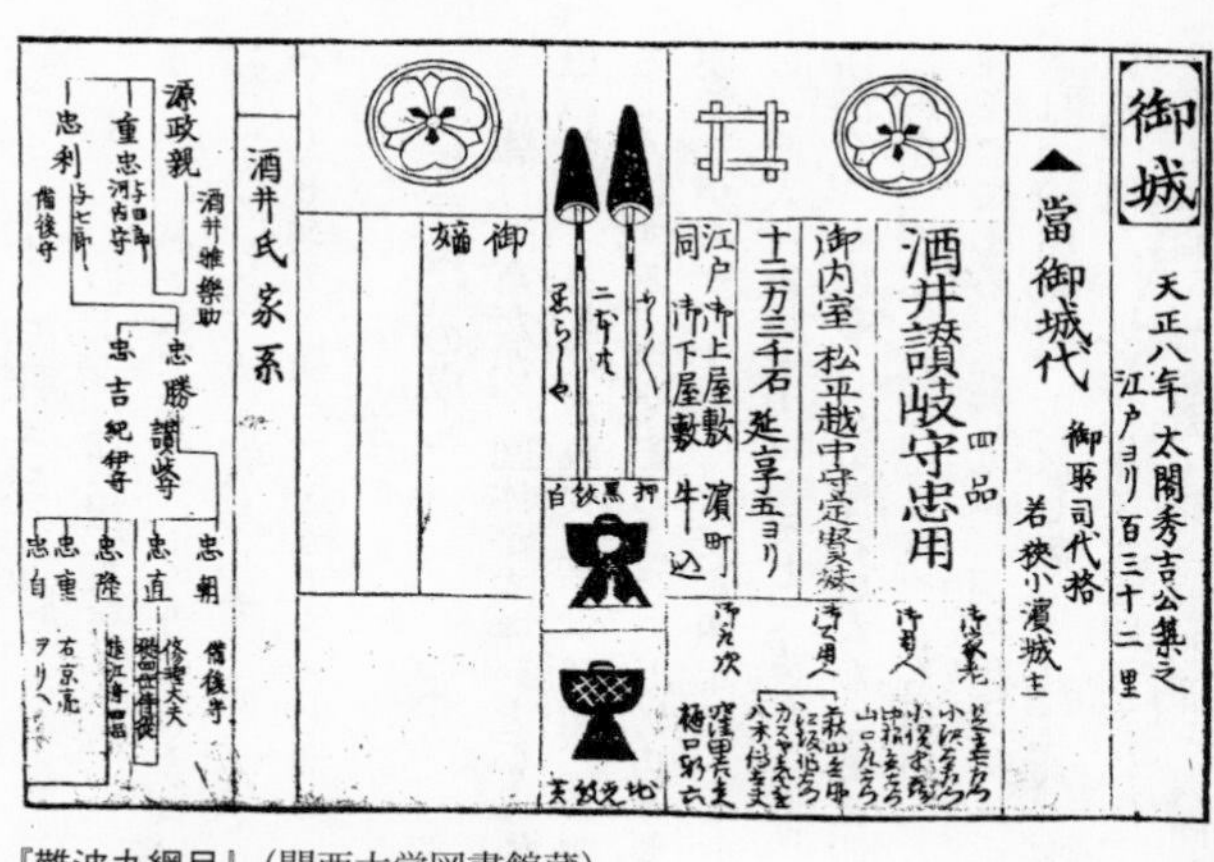

『難波丸綱目』（関西大学図書館蔵）

辿（たど）り、情報内容も格段に詳細となった。第一に、城代・城番・町奉行などは本人のほか、家老・用人・番頭・取次などの家中・下僚の氏名が記され、当職者だけでなく前任者のリストもつけられた。第二に、城番・町奉行・船奉行などの与力・同心、六役奉行付属の同心・手代・蔵番の氏名が記載され、とくに城方と町方の与力は家紋入りで紹介されるようになった。そして第三に、町奉行所・代官所の御用日など、庶民間の紛争審理にかかわる情報が公開されるようになった。「地誌」といいながら、いかに武鑑的情報の充実に意が払われていたかがわかる。

延享版『難波丸綱目』はその後、寛延（かんえん）版・宝暦版と改訂されるが、安永（あんえい）改訂版には、年中行事の項をつけるとともに、城番付属の同心二〇〇人を一挙に載せるという新たな試みをし、別系統の『難波丸綱目』を生み出した

（この系統は、天明版・享和版・天保版と改訂される）。

しかしこのように情報を盛り込めば、本体は改訂のたびに膨らむばかりである。『難波雀』が縦八・五センチ×横一九センチという新書サイズ一冊程度であったにもかかわらず、『難波丸』は縦一〇・八センチ×横一六・四センチ六冊、『難波丸綱目』にいたっては、縦一一・五センチ×横一六・五センチ七冊という分厚さになっている。

『大坂武鑑』の成立

情報は豊富だが、図体が大きいという難点は、新興の書肆に、つぎの戦略を考案させたと思われる。それは市政要覧や、武鑑、芸能・商工など各情報を独立させて、再び、持ち運べるようにする工夫である。はたして市政要覧については元禄八年（一六九五）刊行の『公私要覧』があり、芸能には安永四年（一七七五）を初出とする『浪華郷友録』があり、商工では『商人買物独案内』、そして寺社・名所では寛政八～十年（一七九六～九八）に『摂津名所図会』が出る。この流れのなかで武士情報は、『大坂武鑑』として独立する。

現在、確認されているもっとも早い『大坂武鑑』は、享保十三年（一七二八）版の『大坂袖鑑』である。発行元は、河内屋太助・毛馬屋八郎右衛門であるが、享和二年（一八〇二）版は河内屋太助、天保七年（一八三六）版（図／『大坂袖鑑』）は正本屋利兵衛と変わっている。他方、延享二年（一七四五）には、三木屋吉左衛門から『大坂武鑑』が出ているが、これも神崎屋清兵衛・菊屋勘四郎と異同がある。神崎屋は安永元年（一七七二）、『大坂武

『大坂袖鑑』（天保７年）

鑑』の増補版を出そうとして「なにわ丸相合中」より抗議を受けていることを考え合わせれば、武鑑を独立させるという正本屋や神崎屋の思惑は、版木の既得権を重視する大坂本屋仲間の間に紛争を惹起させていたと思われる。それでも武鑑は、独立した出版物となった。大坂でも、武鑑に対する需要があったからである。

『大坂袖鑑』の情報は、文字どおり武士情報に限定されているが、その内容と掲載順は、〈表／『大坂袖鑑』の内容〉に示すとおりである。配列の順が異なるが、かなりの部分、『難波丸綱目』と重なっている。目立った違いは、摂津と和泉国内に居城した高槻藩以下の四藩が消え、それだけ情報が幕政機構に純化した。つぎに東西両町奉行所の与力・同心にだけ、役人付と屋敷図が加わった。与力・同心の当主名、家紋だけでなく、その役職と役宅の所在地が、一目瞭然となったのである。このアイデアは受け継がれて、のちに『浪華御役録』を生み出す。

ひるがえって延宝七年（一六七九）の『難波雀』か

『大坂袖鑑』（天保７年）の内容

袖珍本　横16.0cm×縦6.7cm　丁数56丁

巻首	上町御屋敷略図
①1	大坂城代・家老・番頭・用人・公用人・取次
2	京橋御城番・家老・公用人・取次 京橋城番与力30騎屋敷付 京橋城番同心100人
3	玉造御城番・家老・公用人・取次 玉造城番与力30騎屋敷付 玉造城番同心100人
4	大番頭東・西
5	加番山里・中小屋・青屋口・雁木坂
6	目付
7	城代定町廻地目付６名
8	御太鼓坊主衆10名
9	六役奉行・仮役
10	御蔵番（玉造・難波）
11	船手奉行・家老・公用人・取次
12	組与力・同心・船屋定番
13	西町奉行・家老・公用人・取次・大目付・書翰
14	東町奉行・家老・公用人・取次・大目付・書翰
②15	東天満屋敷略図
16	東組与力名付・（住所）家順
17	東組同心名付・（住所）家順
18	西組与力名付・（住所）家順
19	西組同心名付・（住所）家順
20	淀川過書船支配
21	大坂・京都・伏見・奈良・堺御用日
22	堺奉行・家老・公用人・取次
23	大津代官
24	谷町代官・元〆・公事・堤・廻船
25	鈴木町代官・元〆・公事・堤・廻船
26	城代以下堺まで用達・兵庫西宮用聞
(27～49略)	
③50	蔵屋敷略図
51	御三卿蔵屋敷・留守居・用達
52	大名方上町・船場・天満・天満堀川西・堂島・中之島・土佐堀・江戸堀・立売堀・長堀・島之内

ら、元禄九年（一六九六）の『摂津難波丸』、延享五年（一七四八）『難波丸綱目』、享保十三年（一七二八）の『大坂袖鑑』、延享二年（一七四五）の『大坂武鑑』にいたる六十〜七十年を振り返ってみるとき、形は変わっても、武士情報は一貫して重視されてきたことがわかる。大坂冬・夏の陣（一六一四〜一五）で壊滅状態となった大坂が、戦後復興を遂げた一六七〇年代に『延宝大坂町尽』『難波雀』といった都市情報を生み出したとすれば、第二弾として、大坂城代を筆頭とする武士情報を生み出したのである。当時の人びとが、大坂の都市情報を求めるように、大坂にいる武家の情報も同時に求めていた証（あかし）しといえるだろう。

『浪華御役録』への道程

いったん独立した武鑑は、その後、さらに革新を遂げる。それは、情報の定期性と媒体の軽量化への工夫である。

『大坂袖鑑』も『大坂武鑑』も、武士情報として独立したといっても、不定期に出る限り、武士の紳士録としての価値は減る。人事異動の情報は、その度ごとに発信されるのが望ましい。ところが『大坂袖鑑』は享保十三年（一七二八）、同十五年と出て、つぎが延享二年（一七四五）、享和二年（一八〇二）と、空白が大きすぎる（残存している『袖鑑』による）。事実、享保十五年版の『袖鑑』は、「従前の大坂武鑑世間に広むといへとも、久々改正申さず候に付」と断っている。

一方の『大坂武鑑』は、延享二年以降、宝暦十一年（一七六一）、同十三年、安永二年

（一七七三）、同四年とかなりの頻度で改訂されているが、それでも毎年改訂にはほど遠い。

もちろん城代も町奉行も、蔵屋敷留守居も毎年、替わるわけではない。二年で替わるものも、十年近く勤めるものもいる。その反対に、加番や大番衆の交替は、大坂の年中行事に数えられるように、毎年八月に交替する。この定期・不定期を考慮しながら紳士録を更新するのは、いかに書肆としても難題であろう。

その一方で、『難波丸綱目』のように大判で二分冊もある武士情報では、机上でみるしかない。せっかく、袖珍本（しゅうちんぼん）という袖に入るサイズの出版物を作っていながら、その体裁を生かさない手はない。そこで『大坂袖鑑』も『大坂武鑑』も、『難波雀』同様、袖のなかに収まるサイズとなった。しかしこの軽量化は、収録する情報の取捨選択という課題を突きつける。なにが必要な情報か、読者の需要を念頭に、出版の専門家である書肆が知恵比べする番である。大坂の本屋仲間の力量が問われたといってもいいだろう。その知恵比べは、『浪華御役録』というヒット商品の創出で決着がつく。

『大坂便用録』という武鑑

『浪華御役録』については、次章で詳しく取り上げるが、その特徴を挙げるとすれば、①元文（げんぶん）四年（一七三九）から幕末の慶応四年（一八六八）まで、ほぼ百三十年をカバーする武士情報であること、②現物が大阪を中心に仙台・東京・福岡など、全国に散在し、確認されているものだけでも五〇〇点を超えること、③『広辞苑』サイズでも、新書サイズでもなく、縦三〇センチ×横四〇～六〇センチの表裏一枚刷で完結していたという超軽量品であることである。先にみた『京都武鑑』とは、登場した時期、残されている年数で比較にならない。その意味で、大坂が生み出した武鑑の大ヒット作といえるものである。

　ところが面白いことに、これだけのヒット作が大坂市中を席巻しているにもかかわらず、近世の後期になって、またぞろ新しい武鑑が出る。天保十年（一八三九）版と同十一年版が確認されている『大坂便用録』（正本屋利兵衛）である。天保十年は、『大坂袖鑑』も、『浪華御役録』も存在するので、『大坂便用録』と合わせて種類の異なった武鑑が三つ、併存していたことになる。しかも『大坂袖鑑』と『大坂便用録』は、書肆が同一なので、正本屋利兵衛は、二種類の武鑑を刊行したことになるが、その使い分けにはどういう意図があったのか？

　一言でいうと、『大坂袖鑑』は大坂という都市に基準枠があり、『大坂便用録』は「摂河泉播ニ領分在之（これあり）」と注記されているように、「摂津・河内・和泉・播磨（はりま）」というより広い枠が基準であった。もう少し言葉を足せば、『大坂袖鑑』は、六四ページの表に示すように、①城代以下、江戸から来た幕府諸役人、②彼らに付属する与力・同心たちと並んで、③いろは順に一〇〇近く並んだ諸藩の蔵屋敷役人が主体である。したがって武士情報とすれば、大坂生まれの与力・同心と、江戸や諸藩から大坂に派遣された武士たちの紳士録の役割を『袖鑑』はたすことになる。

　ところが『袖鑑』では、大坂とその周辺にいる武家のうちから省かれるものがいる。それを拾ったのが『大坂便用録』で、第一に「摂河泉播」四ヵ国に居城や陣屋を構えた大名の家中。第二に、居城は関東周辺にあるが、飛び地として所領を「摂河泉播」にもつ大名や旗本、たとえば藩主が大坂城代であった古河藩土井氏や小田原藩大久保氏などである。彼らもまた大坂と周辺に、家臣を統治のために置いていた。そして第三に、大坂の鈴木町・谷町のほか、京都・大津・宇治の代官たちである。とくに目立つのは、代官の下僚である元〆以下、手代までの記載が充実していることで、代官付属の武士をカウントするとき、もっとも有益なデータとなる。

一例を挙げれば尼崎藩などは、『大坂袖鑑』では大坂城代などの役職に就かない限り、蔵屋敷の部に留守居・名代・用達の三人を載せるだけだが、『大坂便用録』には、郡奉行・代官・留守居・用達町人らのべ一〇人が記載される。売立目録に「大坂ニテ出張役所産物用所近国近在用達郷宿ニ至るまで」と強調するだけのことはある。

しかし『大坂便用録』をもって、大坂の武士をカウントすることには慎重でなければならない。たとえば尼崎藩の場合、郡奉行・代官は尼崎の城下におり、大坂には居住していない。しかし大坂に用向きで来ることも多く、そのために武家の情報として記載しておくことに意味があったのである。

武鑑の威力

大坂の武鑑に複数の種類があったということは、武鑑に注がれた視線も、単一ではないこ

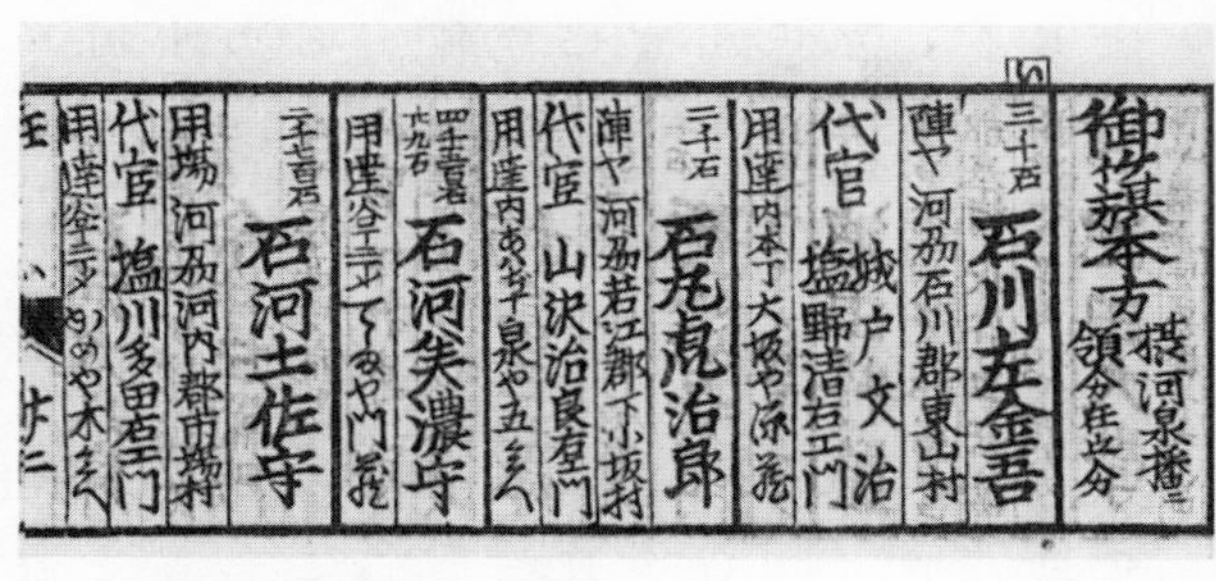
御旗本方　摂河泉播三　領分在之分
三千石　石川左金吾
陣や　河内石川郡東山村
代官　城戸文治　塩野清右エ門
三千石　石尾虎治郎
陣や　河内若江郡下小坂村
代官　山沢治良左エ門
石河美濃守
石河土佐守
用場　河内河内郡市場村
代官　塩川多田左エ門

『大坂便用録』塩野清右衛門の名がある

とを物語る。『大坂袖鑑』と『大坂武鑑』は、大坂城をはじめとして大坂市中に居住している武士に焦点があった。その出身地が、江戸であろうと（たとえば町奉行新見正路）、久留米藩であろうと（たとえば久留米藩蔵屋敷留守居吉村辰之丞）、はたまた伊勢長島であろうと（たとえば加番増山雪斎、いずれも後段に登場する）関係ない。ある時期に、大坂市中に居住しているという限りで、武士として拾われている。したがって、在坂武士の人口を数えるのに最適である。

ところが第三章で述べるように、『浪華御役録』は、蔵屋敷情報をバッサリと切り捨てている。その反面、町方与力と同心の情報を特化させるという偏りをもっている。おそらく、その種の情報を、喉から手が出るほど欲しがる人たちがいたのであろう。そうでなければ武鑑をめぐる商戦に勝てない。

これらが大坂市中に重点をおくとすれば、『大坂便用録』には、すでにみたように別の偏りがあった。その偏りを説くために、ひとりの武士を取り上げる。

彼の名は塩野清右衛門(せいえもん)、旗本石川左金吾の代官として『大坂便用録』に載っている。「摂河泉播」に領地をもつ武家を拾うという基準からいえば、そこに掲載された以上、塩野は武士である（図／『大坂便用録』）。しかし彼の住まいは、河内古市(ふるいち)郡新町(しんまち)村（羽曳野(はびきの)市広瀬）の真っ只中にあり、代々、新町村唯一の庄屋筋である。ということは、家は百姓身分である。しかし彼が代官になることで、『大坂便用録』に武士として載った。

それは単なる形式ではない。『大坂便用録』は、彼をして「武士」とみなされることを可能にしたが、彼自身も、武家として行動することを忘れていない。その証拠に天保十四年（一八四三）六月、大坂周辺の私領を幕府のもとに回収しようとする上知令(あげちれい)が出され、村々に大騒動が起きたとき、塩野はその渦中にあった。彼は頻繁に大坂に出張し、町奉行所や代官所に出かけ奮闘する（拙著『男と女の近世史』一九九八参照）。そこでは、武士が武士に相まみえるのである。町奉行らが江戸からきた〈譜代〉の武士というなら、彼は、旗本石川氏に取り上げられた〈一代〉の武士である。出自と経歴は違うが、武士であることに違いはない。

その彼の武士としての活動ぶりが、上知令の騒動を通じて、周囲の武士たちの注目を集めることとなった。そのうえ、塩野の名が『大坂便用録』に載っているのである。だれも彼の実家が、百姓であることに思いを及ぼすものはいない。江戸の川柳「須原屋の桜木にのる人は武士」と同様、大坂でも武鑑は、武士の身分を保証した。まさに武鑑の威力である。

第三章　『浪華御役録』を読む

御役録と大塩平八郎

大坂の武鑑に決定版があらわれた。『浪華御役録』（以下、御役録と記す）である。本章では、それを解読するが、その前に、御役録の存在に取り付かれた人びとについて、まず紹介しておこう。それは「武士の町」大坂という問いが、決してわたしひとりの思いつきではなく、それなりの前提があるのだということを確認することにも通じるだろう。

大坂の歴史的回顧は、明治三十年代にはじまるが、その嚆矢（こうし）は『大阪商業史資料』である。明治三十二年（一八九九）に企画され、翌年より調査を開始、のちに全三五巻として完成をみた。原資料は大阪商工会議所に所蔵され、現在、その複製版を見ることができるが、第七巻は「大阪ノ沿革」と題し、豊臣期以降の歴史的変遷を史料で追っている。ところがそのなかに、御役録はない。注目されるのは、のちに詳しく紹介するが、幕末の大坂町奉行久須美（くすみ）祐雋（すけとし）の随筆「浪花の風」が収められていることである。江戸人の見た大坂見聞記に、すでに注目しているのであるが、そのなかに「天下の台所」という用語が入っている。

御役録への注目は、明治三十四年以降、幸田成友が主筆となって進めた『大阪市史』で明瞭となる。通史編にあたる『市史』二（大正三年〈一九一四〉）に、「大坂御役録〇文化十年刊に御金役・鉄砲改役・糸割符方の三職（略）与力六人の氏名を挙げたる」とみえている。そればかりか、天明三年・文化十一年版の『大坂袖鑑』も使われている。

幸田の進めた史料調査は、現在からみても「素晴らしい」の一言に尽きる。その足跡は、慶應大学・一橋大学の図書館に残された幸田文庫を訪ねると、即座に理解される。たとえば東町奉行所の絵図が『市史』二に口絵として収められているが、その現物が、一橋大学図書館にある。

幸田が、御役録を駆使したのはほかでもない、天保八年（一八三七）二月、突如として「反乱」を起こした大塩平八郎を研究する過程である。『市史』全五巻八冊の完結をみる大正四年（一九一五）に先んじて、明治四十三年（一九一〇）、東亜堂書房から『大塩平八郎』を上梓している。小説『大塩平八郎』を書いた森鷗外が絶賛したという、あの書物である。

なぜ大塩を扱うことが、御役録とつながるのかといえば、反乱者大塩の経歴を知るために必要だったからである。第六章で触れるように、与力にも個人的な経歴書はあるが、蜂起を企てた人物の経歴書が残ることを期待するのは無理である。そこでいきおい、御役録に向かった。なぜなら御役録には、与力の項があり、それが役職順に古参から新米へと構成されているので、それを丹念に集めれば、大塩の与力としてのキャリアを復元することができる。それを幸田は、狙ったのである。

同じように、大塩を介して、戦後、御役録を集めた人がいる。大阪城天守閣主任であった故岡本良一である。岡本の集めた御役録はいま、大阪歴史博物館に継承されているが、それは岡本の遺志を、大塩研究をライフワークとする同博物館元副館長相蘇一弘が受け継いだからである。その結果、現在、同館所蔵の御役録は約五〇〇点を数え、最大のコレクションを誇る。

ただし経歴では大塩の思想はわからないので、幸田は書簡にも注目し、一四通を集めている。石崎東国の『洗心洞尺牘集』（大正八年）では大塩の書簡は九四通となり、近年の相蘇一弘の労作『大塩平八郎書簡の研究』全三冊（二〇〇三）では、一九一通にまで増えている。

御役録に惹かれた人びと

しかし、御役録に惹かれたのは彼らだけではない。大阪市立中央図書館に長年勤務した古西義麿は、御役録三二〇枚、七十四年分を調べ上げた実績をもつが、その調査のなかから、一枚刷の御役録が、縦一五センチ×横九センチに折り畳まれ、帯封に入れられていたと指摘する（『混沌』一九、一九九五）。実際、その帯封に入った御役録は残存しており、「御役録」というタイトルは、封の中央に印刷されているのである（図／御役録帯封）。

それればかりか封には、「丑八朔改」という文字と並んで、題字の左右に松に鶴のめでたい図柄が描かれている。お堅い武士の人事録が、なんと、慶事を感じさせる図柄の袋に入れて出されていたのである。しかも帯封をくらべてみると、「丑八朔改」の箇所が変わるだけで、あとの図柄はまったく同一である。まさに毎年毎年、繰り返し出されたことを物語る。

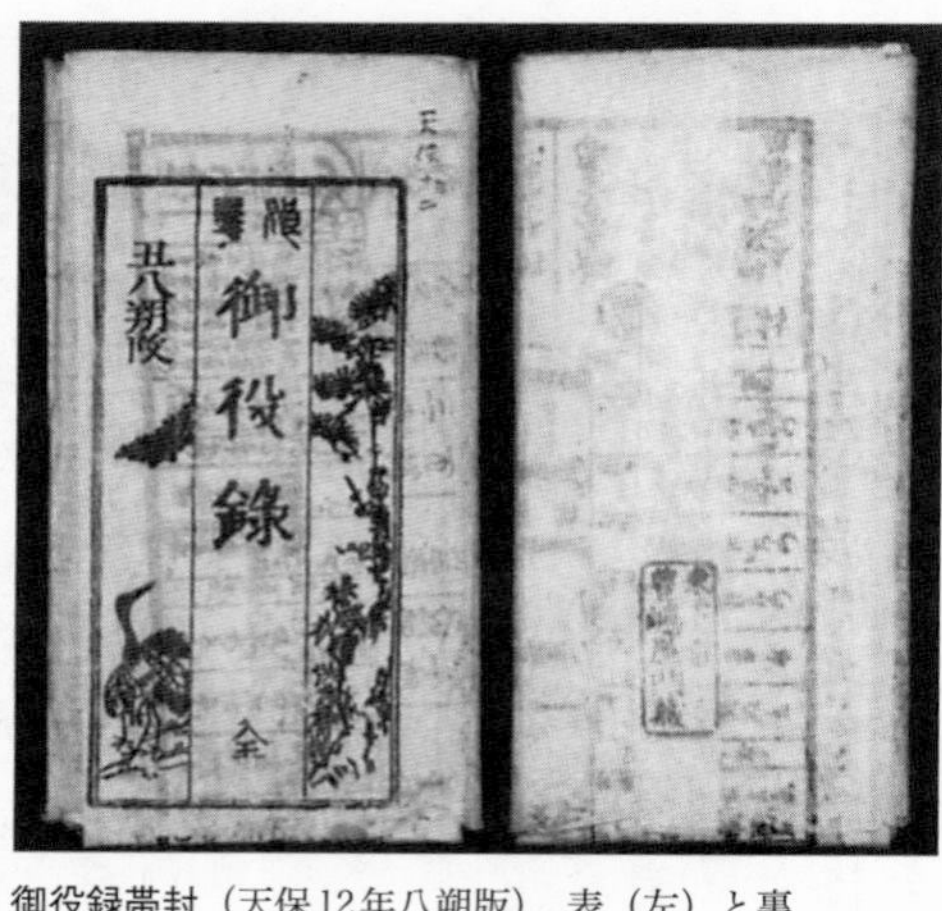

御役録帯封（天保12年八朔版）　表（左）と裏

さらに帯封裏面中央には「西御役所下宿大和屋庄兵衛」「東下宿豊嶋屋門蔵」「東御役所付下宿糀屋久右衛門」と読める名前が、長方形の輪郭に囲まれて捺されている。表は同じ図柄であるにもかかわらず、裏に捺された角印の名前が異なるのである。それが出版元かといえば、そうではない。後述するように出版元神崎屋の名は、御役録本体の裏面隅に刻印されている。だとすれば御役録と、裏に捺された下宿大和屋や豊島屋とは、どういう関係があるのか？

この事実に気がついていた人物が、戦前にすでにいた。中川烏江という人物で、雑誌『難波津』一七（大正十四年六月）のなかで、長方形や円形の輪郭内に「東下宿　豊島屋門蔵」「大庄」と押印、あるいは「下宿」と割印した包紙の存在を指摘したうえで、

前記の『大和屋』や、『糀屋』や、『豊島屋』などは公事宿ですから、多分、年頭や八朔

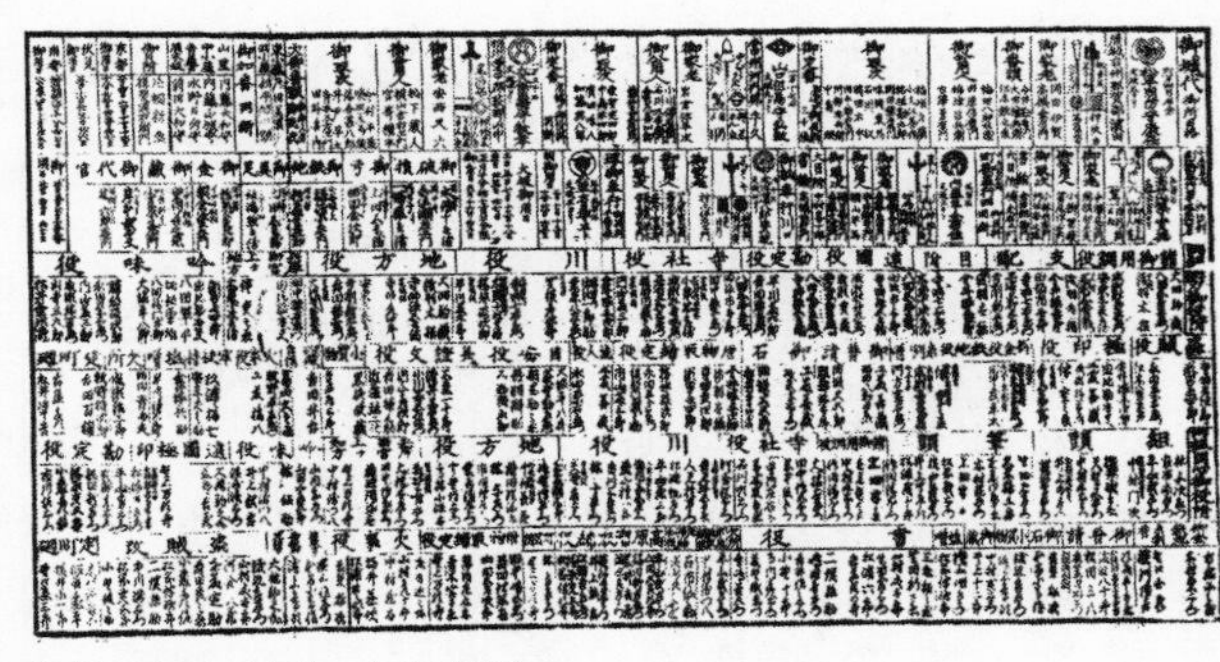

御役録表面（文政６年年頭版）

に得意先への配り物にしたものであろうと推測されます。

と述べているのである（八八頁も参照）。

大塩平八郎の経歴調べという目的とはまったく別に、御役録の形状そのものに視点が据えられることで、御役録の流通経路という問題が発見されていたのである。

御役録の定型（表面）

およそ百三十年に及ぶ御役録の歴史は、定型の成立を画期に前後に分けることができる。定型までの苦闘は後段に譲るとして、定型についてまず説明しておこう。ここでは、文政六年（一八二三）年頭版を取り上げる（図／御役録表面）。

形状は表裏両面刷だが、表面は六段。表の六段のうち一段目は、大坂城代・両定（城）番・大番頭・加番・目付の五つの役職が、右から左へと続く。城代と

御役録（文政６年年頭版）の表面

１段目 大坂城代居城付 　家老／番頭／ 　公用人／取次 玉造定番居城付 　家老／公用人／取次 京橋定番居城付 　家老／公用人／取次 大番頭東西 加番４軒 目付２名 京都伏見南都御用日
２段目 町奉行東　知行高付 　家老／公用人／ 　取次／書翰／大目付 町奉行西　知行高付 　家老／公用人／ 　取次／書翰／大目付 船奉行 　家老／公用人／取次 堺奉行・御用日 大坂御用日 破損奉行 弓奉行 鉄砲奉行 具足奉行 金奉行 蔵奉行 代官・御用日
３／４段目東西与力役付
５／６段目東西同心役付

定番には当主名だけでなく、家老・番頭（城代のみ）・公用人・取次といった下僚の氏名も載る。それは彼らが、役方（町方支配）をも兼ねているからで、番方のみ（城の警護）の大番頭以下と決定的に違う。その意味で御役録は、「城」ではなく、「町」に重点がある。「町」への重心は、二段目に東西の町奉行を、これまた家老・公用人・取次・書翰・大目付という下僚とともに載せることにも現れている。船奉行にも、家老・公用人・取次の下僚名がつくが、堺奉行は奉行名だけである。

これら上級武家のリストのうち、堺奉行は家紋だけだが、城代・両定番・東西町奉行・船奉行の六人には、家紋・知行高・就任年・鑓印（行列の先頭に立てる）が付記されている。それは江戸の武鑑も採っているスタイルで、いかに一枚刷で手軽でも、武鑑であるという基本線をきっちりと押さえている。

堺奉行のあとには、大坂の御用日が御金日とともに書かれているが、これは、一段目の左隅に京都・伏見・南都（奈良）の御用日が載るのと関係している。

「御用日」とは町奉行所に掛けられている民事訴訟が審理される日で、原告・被告とも出頭する必要があった。御金日はそのうち、金銭貸借にかかわる審理を専門にする日で、商業と金融の町大坂にとっては、ゆるがせにできない日であった。もちろん民事にしろ、金銭訴訟にしろ、原告・被告は摂津や大坂に限るわけではない。近世の民事裁判は、原告が自分の住む管轄奉行所に訴え出るのが原則であったから、大坂町奉行に訴えられると、河内や大和の被告は、大坂に出向かないといけない。そのときに、審理のおこなわれる日を知っておくほうが便利である。同様に、被告の大坂人が、伏見奉行所や京都奉行所に出向くケースも考えられるので、京都・伏見・奈良の奉行所の御用日も、情報として掲載されているのである。ここからも御役録が、だれのほうを向いて編集されているかが暗示される。

二段目の後半には、破損・弓・鉄砲・具足・金・蔵の六役奉行と代官が、当人だけの氏名で載せられるが、「川サキ」「御弓丁」「ス、キ丁」のように、役宅の住所が肩書されているのが注目される。これは、与力・同心の役宅を裏面に図示するという戦略と通じるものがある。

三段目と四段目は、与力の情報で「御役付」と注記されているように、最上役職の諸御用調役以下、最下役職の定町廻まで、右から左に一〇職（三段目）と一四職（四段目）の計二四職が並べられている。与力は完全な年功序列の社会で、定町廻から諸御用調役まで、三十年から四十年かけて昇進していく（第六章参照）。同じ枠の前半は「東」、スペースをおいて左が「西」である。

五段目と六段目は、同心であるが、構成は与力に準じている。五段一〇、六段一七のあわせて二七役職である。

御役録の定型（裏面）

裏面はうってかわって碁盤の目よろしく、短冊模様が上下に、向かい合うように並んでいる（図／御役録裏面）。中央には西与力町とあり、それが街路であることがわかる。街路はそれ以外にも、長柄町・天神橋筋・天満橋筋などがみえ、その街路に沿って氏名と家紋が描かれているのである。その氏名は表面に載る与力・同心と同一であり、これが与力・同心の役宅図であることは一目瞭然である。維新史料編纂事務局から東京大学史料編纂所に引き継がれた御役録は、すべて「大坂武鑑屋敷付」「大坂城代以下諸屋敷付」と名付けられており、収集者が裏面の「屋敷付」に目を奪われたことを示している。

御役録裏面にギュッと縮小されたこの役宅図を、大坂三郷の地図の上に開いてみると、二ヵ所に相当することがわかる。一ヵ所は、御宮とある川崎東照宮の北から東にかけてL字形に広がる区域（東天満、図／御役録裏面の復元図）。御宮の後ろには大塩平八郎の役宅があり、現在の造幣局官舎がそれにあたる。

もう一ヵ所は少し離れ、西与力町の北と南にブロック状態で与力屋敷が広がり、その背後に同心屋敷が、北同心町・南同心町の街路を挟んで向かい合っている。現在も与力町・同心の名が残り、歩けば短冊状の街路が確認できる。与力屋敷の坪数四八〇坪、同心は二〇〇坪で、その数は与力が東西六〇軒、同心が一〇〇軒であるので、与力にくらべ同心の屋敷は凝集している。

面白いことに当主の氏名だけの場合と、八田軍平・弥多八のように二、三人の名が掲載されている場合がある。これは軍平だけでなく、息子の弥多八も、御用日見習としてすでに与力社会にデビューしていることを示すと思われる。それにしてもよくぞここまで、与力・同心の役宅を詰め込んだものである。ここに、御役録の「売り」があるとも考えられる。

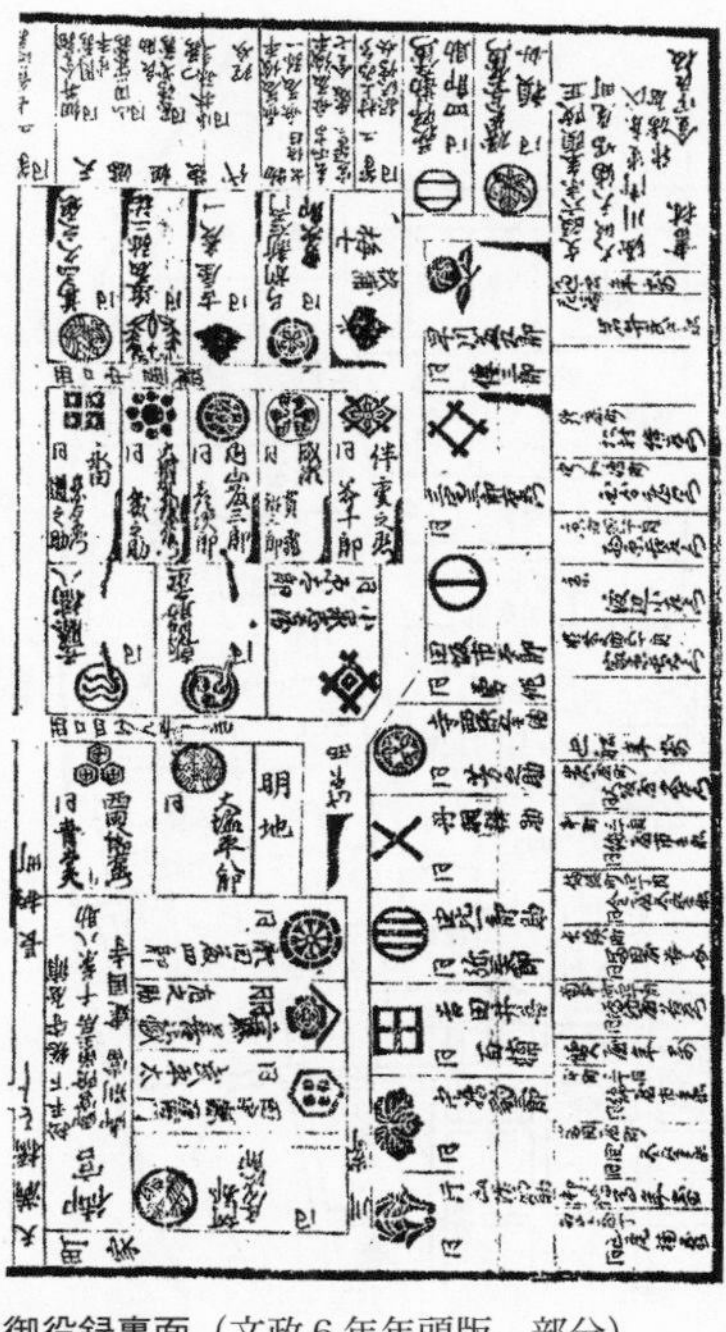

御役録裏面（文政６年年頭版。部分）

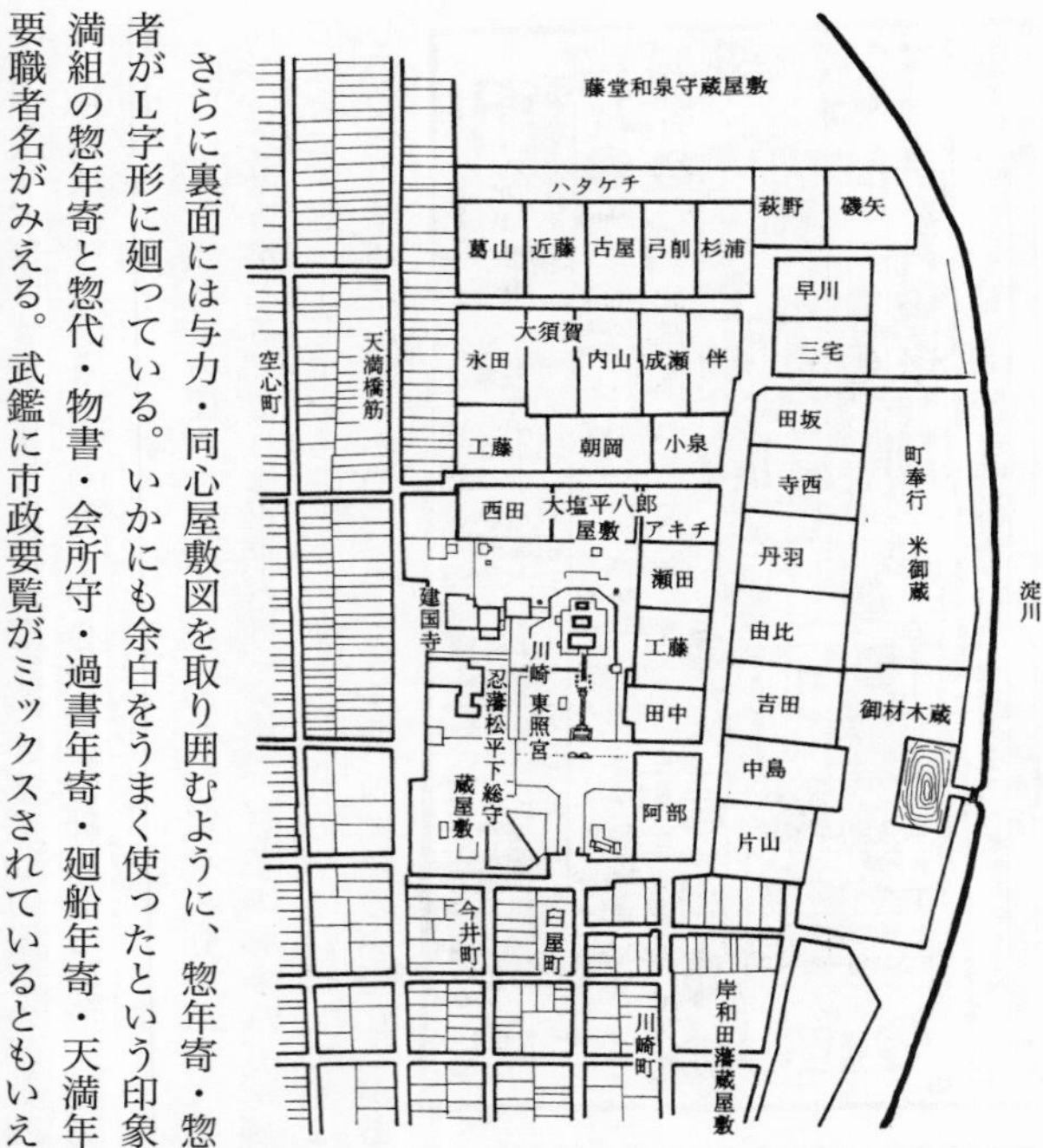

御役録裏面の与力役宅復元図（部分、志村清作成）

さらに裏面には与力・同心屋敷図を取り囲むように、惣年寄・惣代など民間人の市政担当者がL字形に廻っている。いかにも余白をうまく使ったという印象を与えるが、北・南・天満組の惣年寄と惣代・物書・会所守・過書年寄・廻船年寄・天満年寄・質屋年寄など市政の要職者名がみえる。武鑑に市政要覧がミックスされているともいえる。そして隅に「文政六

年年頭改正　大坂天満鳴尾町堀川御堂東入、書林神崎屋金四郎」と、書物でいうところの刊記がある。

定型への模索（裏面）

御役録の版元は、ほぼ天満在住の神崎屋に限定されている。その意味で、神崎屋一統の独占であったと思われる。神崎屋については、十分な研究がなく、書肆としての実績はよくわからない。しかし大坂本屋仲間年行司の業務を記した「出勤帳」にしばしば顔を出し、天満九丁目が、その住所である。河内屋などの老舗の書林が並ぶ心斎橋からは相当離れているので、新興の書肆であったと思われる。

元文年間（一七三六〜四一）など、初期の御役録には刊記がみえないが、明和二年（一七六五）の御役録には、刊記に「天満九丁目神崎屋清兵衛」の名がみえ、その後、神崎屋金四郎などに変わるも神崎屋に変わりはない。版権を譲り渡すことがなかったと思われる。住所が、天満九丁目から鳴尾町に変わっているが、天満九丁目は天満天神から大川に南下する筋の町で、鳴尾町は天満堀川の東側にあり、至近の距離である。その意味で、天満から動かなかったということができるが、その天満は与力・同心たちの集住するところであった。いわば、地の利を生かしているのである。

彼の地の利の生かし方は、裏面に顕著である。御役録は、同じ大坂の武鑑として『大坂袖鑑』『大坂武鑑』にアイデアを借りていると思われるが、『袖鑑』には、巻首に「上町御屋敷之略図」、中ほどに「東天満御屋敷略図」「西与力町南北同心町図」、後半に「御蔵屋敷略図」の三種類の略図が載せられている。縦約七センチ×横約一六センチの小さな紙面に印刷されているので、判然としないが、それでも武家の所在地を視覚的に示そうとする努力を滲(にじ)ませている。

これはその後も『大坂袖鑑』の定型となるが、御役録では、前者の「上町」が消えたばかりか、後半の蔵屋敷図も消えている。上町図には、大坂城の周辺に城代屋敷、東町奉行、代官、六役奉行などの役宅が書かれ、蔵屋敷図には、中之島の両岸に所在する各藩蔵屋敷が描かれているが、御役録ではそれを、まるごと捨てたのである。

大坂に住む武士には、第一章で述べたように大坂城と上町界隈、中之島から西横堀あたり、そして天満界隈という三つの武家屋敷ゾーンがあったが、神崎屋は大胆にも、そのうちの二つを捨てて、自分の住居に近い天満界隈だけを御役録に採用したのである。

定型への苦闘（表面）

武鑑でありながら、特定の武家に焦点を当て、他の武家は捨て去るという神崎屋の戦略は、表面にも現れている。そこにも、蔵屋敷情報がないのである。徹底した蔵屋敷への無視が、武鑑としての御役録のきわだった特徴である。それに対して、大坂城周辺から上町地区の武家が一段から二段目にかけて載せられているのは、先にみたとおりである。しかしそれと同じ紙幅を、与力と同心にそれぞれ配当しているのであるから、御役録が、天満在住の与力・同心に大きく偏向していることは疑いない。なんとも思い切った取捨選択である。

その意味で神崎屋にとって、御役録を作るにあたり表の中心を与力・同心に置くことは、既定の路線であったと思われる。それだけで最低、紙面の四段が要る。残る紙面になにを載せるかが、知恵の出しどころである。神崎屋はどうしたのか、工夫のあとを辿ってみよう。〔表／御役録表面の比較〕は紙幅を無視して、掲載項目だけを比較したものである。六段の元文版に対し、延享・明和版では七段となっている。延享版では①番頭・加番・目付を増やしたうえに、②伏見・奈良の両奉行と御用日を加えながら、惣年寄以下の情報も引きつづき掲載したため七段に増えた。同じく明和版も、番頭・加番らが二段目、伏見・奈良・長崎奉行が三段目に移動しているが、惣年寄と惣代を削除しただけで、情報のオーバーフローは止まっていない。

ところが天明版では、一気に進化した。下段にあった惣年寄などの市政情報を、バッサリと捨てたのである（実際は裏面に回したのであるが）。さらに京都・伏見・奈良は御用日だけにして、奉行名は切り捨て、堺は奉行名を残し、下僚の情報を捨てた。その結果、一～二段を城代・定番・加番・町奉行らに充て、与力を三～四段、同心を五～六段と整然と分けることができ、紙面の構成がスッキリとした。

ここに大きな画期があるが、その整理の方向性は、大坂に関係しないものは捨てるという、大坂偏重にある。一般的な武鑑としてならば、京都や奈良・長崎の奉行名も必要だろうが、紙面に限りのある御役録は、その取捨選択を迫ったのである。まさに「大坂武鑑」であ

御役録表面の比較

元文４年 (1739)	延享３年 (1746)	明和６年 (1769)	天明７年 (1787)	文政６年 (1823)
１段目 大坂城代 玉造定番 京橋定番 東番所 西番所 **２段目** 川口奉行所 破損奉行 弓奉行 具足奉行 鉄砲奉行 金奉行 蔵奉行 代官・御用日 **３段目** 与力役付 御用日・御金日 堺番所 堺御用日 京町奉行所・御用日 **４／５段目** 同心役付 物書・様者 **６段目** 惣年寄 惣代衆 船惣代	**１段目** 大坂城代 玉造定番 京橋定番 番頭２名 加番４軒 目付２名 西番所 **２段目** 東番所 船奉行所 堺番所 京都所司代 京町奉行・御用日 伏見町奉行・御用日 南都町奉行・御用日 **３段目** 地役人衆 破損奉行 弓奉行 鉄砲奉行 具足奉行 金奉行 蔵奉行 代官・御用日 大坂御用日・御金日 **４／５段目** 両組与力役付 **６段目** 両組同心役付 **７段目** 三郷惣年寄 惣代中・物書・会所守 船惣代	**１段目** 大坂城代居城付 玉造定番役料付 京橋定番役料付 **２段目** 大番頭東西 加番４軒 目付２名 町奉行東 町奉行西 船奉行 堺町奉行 御用日 **３段目** 破損奉行 弓奉行 鉄砲奉行 具足奉行 金奉行 蔵奉行 代官・御用日 京都所司代 京町奉行 伏見町奉行 南都町奉行 長崎奉行 大坂御用日・御金日 **４／５／６／７段目** 両組与力役付 **６／７段目** 両組同心役付 牢守 廻船年寄	**１段目** 大坂城代居城付 玉造定番居城付 京橋定番居城付 大番頭東西加番４軒 目付２名 京都・伏見・南都御用日 **２段目** 町奉行東 町奉行西 船奉行 堺奉行・御用日 大坂御用日 破損奉行 弓奉行 鉄砲奉行 具足奉行 金奉行 蔵奉行 **３／４段目** 東西与力役付 代官・御用日 **５／６段目** 東西同心役付	**１段目** 大坂城代居城付 玉造定番居城付 京橋定番居城付 大番頭東西加番４軒 目付２名 京都・伏見・南都御用日 **２段目** 町奉行東 知行高付 町奉行西 知行高付 船奉行 堺奉行・御用日 大坂御用日 破損奉行 弓奉行 鉄砲奉行 具足奉行 金奉行 蔵奉行 代官・御用日 **３／４段目** 東西与力役付 **５／６段目** 東西同心役付

る。

それに対し、与力・同心にはブレがないばかりか、文政版は、与力の役職が二二から二四に増えたことから、代官を二段目に移すという措置を施している。奉行や代官の欄が窮屈になっても構いなし、という姿勢である。この点を考慮すれば御役録は、「大坂城方武鑑」というよりは、「大坂町方武鑑」という志向性をもって進化したということができる。言い換えれば御役録は、市政により密着した形で切り取られた「武士の町」大坂の情報なのである。

こうして文政六年版には、一段目四八人、二段目四一人、三段目六六人、四段目六二人、五段目七〇人、六段目七六人の合計三六三人（与力・同心には兼職のために重複がある）の武士の名が刻まれることとなった。元文版の武士の名が二一六人（惣年寄ら町人は四一人）であることからすれば、一五〇人も増えている。たしかに紙面も、縦の三〇センチに対し横は当初の四〇センチから六〇センチに伸びている。定型化された御役録の完成は、画工・彫師たちの技量の向上にも支えられていたのである。

「張り出し」と帯封

こうして定型を獲得した御役録であるが、その後、年頭と八朔の出版となった。初期のころは刊記がないものが多く、しかも帯封の残存も稀なので、年頭か八朔かは不明だが、明和二年（一七六五）版は正月、文政元年（一八一八）に年頭と八朔が残るのが参考になる。したがって年頭が先行し、八朔が追加されたのであるが、その理由は、八月はじめには、加番

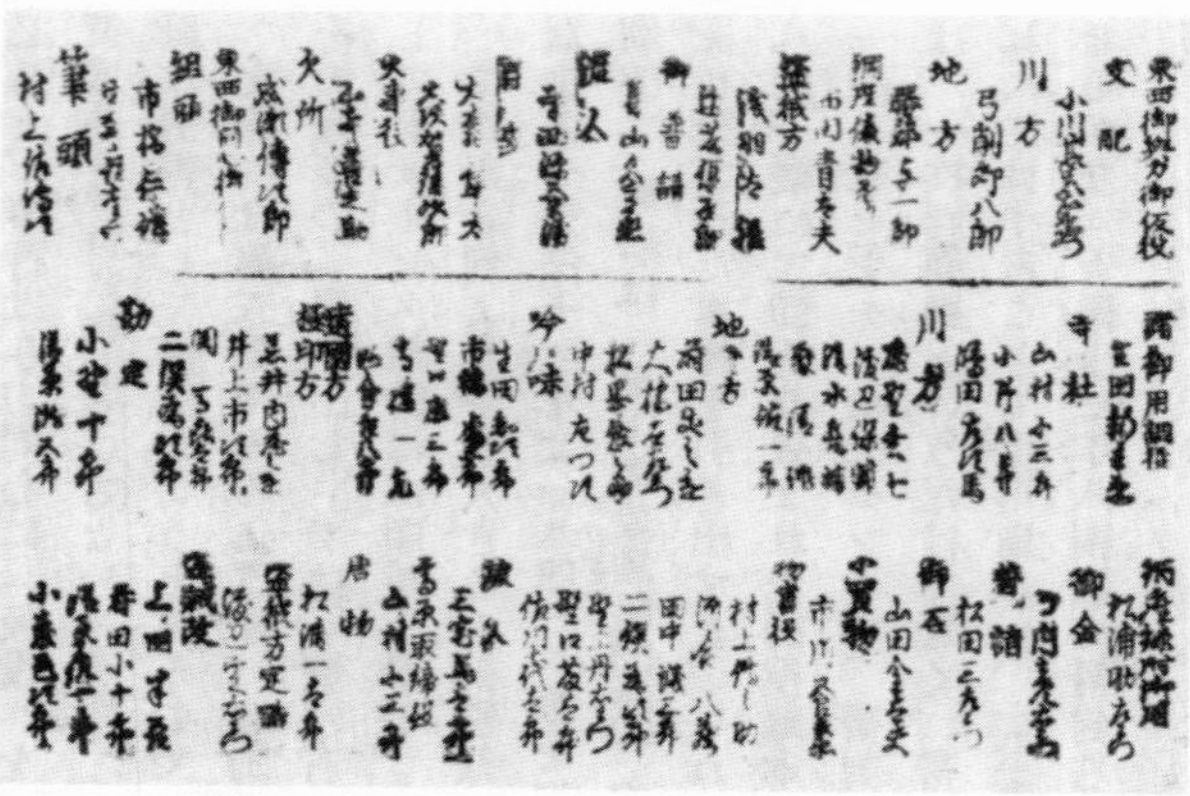

御役録張り出し（天保12年八朔版）

と大番衆の交代があるからである。

ところが御役録には、もうひとつ驚くべきサービスが考案される。それは御役録本体に「張り出し」の形で添付された追加情報である。たとえば享和二年（一八〇二）年頭版には、小さな紙片がつけられ、「東西与力御仮役」として三役三人、「同心仮役」として一二役二〇人の氏名が記されている。また天保十二年（一八四一）八朔版には、縦一七センチ×横二一センチの紙片に、じつに五九人の与力・同心名が印刷されているが、これにも「御仮役」と印字されている（図／御役録張り出し）。

仮役とは定役に対する言葉で、人事異動で変わった役職とは別に、人手不足や繁忙期に付加された役職である。与力三〇騎で二四の役職、同心五〇人で二七の役職を東西でそれぞれ勤め、ほとんどの役職を二、三人の複数で従事するために、ひとりで何役も兼務するのが普通である。そこに繁忙期や出張、欠勤などで人手不足が生じると、奉行は与力・同心に「仮役」を命じる。西町奉行新見正路の日記には、「定仮役」（仮役であるが恒常化しているという意味）まで出てくるが、そのような短期間の役職をも、御役録は情報として提供しようとするのである。

実際には第六章でみるように、与力の人事異動は年間を通して頻繁におこなわれており、その程度の「張り出し」では「焼け石に水」程度の効果しかもたないと思われるが、それにしてもサービス精神には頭が下がる。

このA3判より小し大きめの御役録であるが、完全な姿で残されているのは稀である。稀なひとつ、天保十二年（一八四一）八朔版を例にとれば、表には松鶴の図柄に「御役録　全丑八朔改」、裏には「東下宿豊嶋屋門蔵」の角印が捺された帯封がある（七四ページ図）。そこから折り畳まれた本体を引き出すと、これまた小さく折り畳まれた「張り出し」と並んで、横に八回、縦に二回折り畳まれた御役録本体が出てくる。折り畳んだ状態で計測してみると、縦一四・五センチ×横七センチで、帯封にピッタリと収まる。ということは御役録という武鑑は、一枚両面刷というだけでなく、帯封に折り畳んで入れるという形状に特色があった。それに注目することで中川烏江は、「公事宿からの得意先への配り物」と考えたのである。はたせるかな、天保十二年八朔版の帯封右上には、進物に付き物の熨斗（のし）が朱印で捺されている。

下宿と得意先

中川烏江の指摘によれば、神崎屋が一手に制作したものは、公事宿（下宿）に卸され、彼らから得意先に配られたことになるが、下宿とはなにか。幸い、喜田川守貞『近世風俗志』（『守貞謾稿』）に、つぎの記載がある。

した宿と云ふあり。下宿と書くなり。東西町奉行所および代官屋敷・牢屋敷辺に各これあり。東西奉行所辺各六、七戸あり、牢前に二戸。

このしたやどは、宿の名あれども旅泊にあらず。訴訟等人の休足所にて泊むることをせず。毎町毎村各得意の宿に入るなり。貧者の出庁にはこの宿に入らず。庁前官制の腰掛所あり、号してたまりと云ふ。

中川はそれを公事宿としているが、下宿とは、公事・訴訟のために、町人や村人が町奉行所などに出向くときの待機所である。したがって当然、各役所に接近してあった。事実、天保七年（一八三六）版『大坂袖鑑』には、東番所下宿として谷町二丁目に糀屋久右衛門・近江屋九郎兵衛・てしまや紋蔵、西下宿として近江や九兵衛・大和や庄兵衛・木屋利右衛門、牢屋敷下宿として与左衛門丁江戸や孫七・河内や吉兵衛・河内や清兵衛の名がみえるが、その位置関係はまさに目と鼻の先である。

このうち残された帯封で確認されるのは、近江や九兵衛・大和屋庄兵衛・てしまや紋蔵など町奉行所下宿のみで、牢屋敷下宿の名前はみえない。したがって御役録は、町奉行所下宿から、年頭・八朔の配り物として得意先に配られたのではないかという推測が成り立つ。ならばその得意先とはだれか。京都武鑑が三井の京都店に残され、御役録が摂津・河内の旧庄屋家で古文書と一緒になってしばしば見出されることは、それが武家でなく、町人・百姓であったことを予想させる。

しかしながら、その経路を証明することは難しい。購入したのならともかく、配られたものは、街頭で配るティッシュペーパーと同様、ポケットに入れてしまえば、あとはどこで貰ったか、貰ったかの記録が残らない。「売り物」でなく、「貰い物」の辛いところである。出版元である神崎屋から下宿への経路も確認できないが、下宿から得意先への経路も、これまた不明である。

しかしこの問題は、御役録の需要がどこにあったかという問題を考えるとき決定的である。想定されるのは、町方の与力・同心の役職と役宅図を載せ、さらに町奉行所の御用日の記載などの特徴から、御役録は、町奉行所に出頭し、彼ら与力・同心と接触する機会（ないし必要）のあった町人・百姓や知行所の役人が求めていた情報ではないかということである。

ここまで述べてきてあらためて、「お奉行の名さへ覚えずとしくれぬ」を思い出してみよう。実際には、お奉行の名前ばかりか、その下僚や知行高・家紋・鑓印までを載せた御役録が出され、そこには町奉行所与力・同心の役職ばかりか、役宅の地図まで書かれているのである。しかも、年二回も発行するという定期性を備えて。それが百三十年間、幕府の倒れる直前まで出され続けたのである。「お奉行の名さへ覚えず」どころか、奉行や与力・同心の情報を喉から手が出るほど欲しがっていたと思われる。

御館入与力

与力・同心の情報に、どれほどの価値があるのかを証明することは容易ではない。町奉行所の下僚として、彼らが大坂市中ばかりか、摂津・河内・和泉・播磨四ヵ国の民事・刑事の前線にたっていたという事情がまず想定できる。したがって民間の金銭訴訟や、村落間の水争いなどの紛争に関する史料に、彼ら与力・同心の名前をみることは決して少なくない。また、市中の火災にさいして与力の火事跡検分がおこなわれたが、それに対しては、金銭で謝礼をすることが慣わしであった。このとき、火事跡を管轄する町役人は、御役録で火事方与力の氏名と役宅を確認することを忘れなかったであろう。

いまひとつ与力の価値を語るものとして、「御館入与力」という存在がある。大坂に蔵屋敷を置く福岡藩や、大坂周辺に知行地をもつ大名や旗本が、特定の与力との間で「館入」という出入り関係を結ぶことをいう。福岡藩蔵屋敷はふたりの地方与力を館入としており、文化八年(一八一一)、同藩の特産品牛皮革の取り扱いについて問い合わせ、回答を得ている(塚田孝「アジアにおける良と賤」荒野泰典ほか編『アジアのなかの日本史1 アジアと日本』一九九二)。

一方、旗本石川氏の知行所では、代官の塩野清右衛門が正月、暑中、寒気伺いなどに大坂に出向いた折、萩野（東）・大須賀（西）の両与力宅を訪れているが、彼らが旗本石川氏の現地役所の「館入」であった。もちろん、暑中と寒気には見舞いとして、正月と歳末には祝儀として金銭が贈られたが、その支払いは、ふたりの館入与力ばかりか、与力上役の三役（川役・寺社役・地方役）と奉行の公用人にも及んでいる。彼らが御役録に名を載せるのは、いうまでもない。

萩野（東）、大須賀（西）と塩野の間に交わされた書簡によると、与力は、祝儀金の礼を述べるとともに、当主の交代後も倅（せがれ）に館入を続けさせてほしいと願っている。また自分が調役（与力最上役職）に就任したことを報じるものもあり、与力から石川役所に向ける視線の熱さがうかがわれる。それに対する石川役所の視線も、現金なものがある。塩野は、見舞金などの支出の理由を「出訴対決につき頼込み」「天満方内頼（うちたのみ）入用」と書き、面談しては「極（ごく）内々頼込みかたがた問い合わせ」している（拙著「「御館入与力」について」『近世大坂地域の史的研究』二〇〇五）。両者は、ギブ・アンド・テイクの間柄にあったといえるだろう。

大坂町奉行所の役割が大きければ大きいほど、奉行はもちろん、下僚である公用人や与力・同心の一挙手一投足が関心を集めたのである。そのとき、彼らの正確な情報が必要とされた。その期待に、御役録は応えたのである。

最後の御役録

本章の終わりに、最後の御役録を紹介する。慶応四年（一八六八）年頭版の御役録がそれである。前年十月十四日には大政奉還があり、二十四日、徳川慶喜が将軍職の辞職を請う。一方、十一月二十三日には鹿児島を出発した薩摩藩兵が京都に入り、二十九日には長州藩兵が摂津西宮に集結、十二月九日の王政復古の大号令となる。この間、十二月七日には、兵庫の開港と大坂開市があった。そして年が改まると、正月三日、鳥羽・伏見の戦いで戊辰戦争へと突入する。大坂を開陽丸で出帆し、江戸に向かった慶喜を追うように、七日、慶喜追討令が出されている。このように政局が混沌とし、開戦前夜というときに、最後の御役録が出ているのである。

城代からはじまる形式を踏襲しながら、町奉行のあとに、「町奉行並」として松本寿太夫と柴田剛中を配しているが、ふたりには「慶応三年より」とし、柴田には兵庫奉行・大坂町奉行兼帯とまで注記している。

六役奉行は破損・鉄砲・金・蔵の四役に変わるが、代官とともに一段目に載せられ、二段目から六段目には、「町奉行支配役掛付」として組頭以下、寺社掛・川方掛など一六の役職が書かれている。与力と同心を段で分けるという形から、前に与力、後ろに同心という形式に変わっているが、役付である点に変更はない。それは、裏に与力・同心の屋敷図を載せる点でも同じである。ただ天満の与力・同心地区の外に住む人物が、「外国人居留地付」としてリストアップされているのが大きな特徴である。最後まで、最新の人事情報を載せようという姿勢に、変化はない。見上げたものである。

その分、大きな疑問が残る。そもそも御役録に載せる人事情報は、どのようにして版元神崎屋に伝えられたのかという謎である。決して毎回の人事異動を載せているとはいえないまでも、年頭と八朔の刊行に合わせて、人事情報が開示されない限り、情報の更新はない。そのとき、情報は、異動が命じられている町奉行所から版元神崎屋にもたらされることを除いては伝わりようがないが、本当にそうか？

神崎屋から下宿への〈販売〉ルートも不明だが、町奉行所から神崎屋への〈情報〉ルートも、これまた不明である。

第四章　西町奉行役宅を覗く

本章からは大坂の武士たちの具体像に迫ってゆく。まずは町奉行の仕事と暮らしぶりである。

新発見の「西町奉行所図」

大坂町奉行は、元和五年（一六一九）、幕府が大坂を直轄地とした時点に置かれた要職である。大坂城の京橋口を出ると、大川を背にして奉行所が二つ、並んでいた。右手が東、左手が西なので、江戸のように南北ではなく、「東西」が、大坂の町奉行所の呼称となった。

そのうち幕末の東町奉行一色直温（いっしきなおあつ）旧蔵の奉行所図が、『大阪市史』二に口絵として収められている。鳥瞰図（ちょうかんず）であり、それによれば土塀に囲まれた屋敷の北側に、大川と天満・天神の両橋が望める。桜ノ宮辺の桜も、役宅内の桜も、いまを盛りと咲き誇っている。右隅に「菫斎藤原中正筆」とみえるので、一色が絵師に頼んで描かせたものであろう。

屋敷の右手が表門で、その門前には控所（ひかえどころ）（『守貞謾稿』にいう「たまり（溜）」）があり、庶民がたむろしている。大きな傘を広げた茶店も出ている。表門の付近には刀を差した武士の姿も、駕籠もみえる。おそらく、奉行所で公事訴訟の審理がおこなわれる御用日の状況を描いたものであろう。

門を西に向かって奉行所のなかに入っていくと、瓦葺(かわらぶ)きで覆われた広大な屋敷が広がっている。その内部は鳥瞰図では見えないが、平面図を見れば、一目瞭然である。屋敷の左手、西側には、馬場の細長い空地と弓を射る的場(まとば)と思われるものも描かれている。

当初、この東町奉行屋敷に隣接して、西町奉行所があった。ところが享保九年（一七二四）の大火のあと、本町橋の東に移転した。火災によって両方の奉行所が焼失してしまえば、都市行政がマヒするおそれから、両者を離したのである。たしかに賢明な策で、その後幕末まで、東西とも大坂町奉行所は健在であった。

ならば西町奉行所の絵図はないのか。だれしもそう思う。おそらく「東町奉行所図」を見つけた幸田成友も、また戦後一九七〇年代に、『新修大阪市史』をスタートさせた大阪市史編纂所も、その探索をしたであろう。しかし、見つからなかった。

それをたまたま二〇〇五年、神戸市立博物館で調査中、わたしは発見することができた。調査は、幕末の町奉行で、ひとりで東西の両方を経験した川村修就旧蔵書類を調べるというものであった。川村は大坂町奉行と並んで長崎奉行をも勤めており、川村修就旧蔵書類は、長崎・オランダ関係のコレクションで有名な池長孟(はじめ)の南蛮文庫に収められていた。博物館が作成した目録をたよりに見ていくと古文書と並んで図面類があり、そのひとつが「西町奉行所図」であった（図／西町奉行所図）。

そのとき、わたしは小躍りした。なぜなら、二〇〇〇年以降、西町奉行のふたりの日記を読み進めていたからである。西町奉行の日記を、東の役宅図と突き合わせて読むのは、やはり苦しい。そこで、どうしても西の役宅図が欲しかった。

「念ずれば通じる」と言われるとおり、「西町奉行所図」が、わたしの前に姿を現したのである。考古学者が発掘をやめられない気持ちが、わたしにも少しわかった瞬間である。こうしてわたしは、役宅図を傍らに置き、それと突き合わせながら町奉行の日記を読む、という幸運に恵まれた。

町奉行と代官の日記

「西町奉行所図」の紹介はあとにして、奉行日記から話をはじめる。

江戸時代、東西合わせてのべ九五人が大坂町奉行に就いている。そのなかには落語「佐々木裁き」で有名な佐々木信濃守顕発（あきのり）や名奉行とされた石丸定次（さだつぐ）など、大阪でもよく知られた

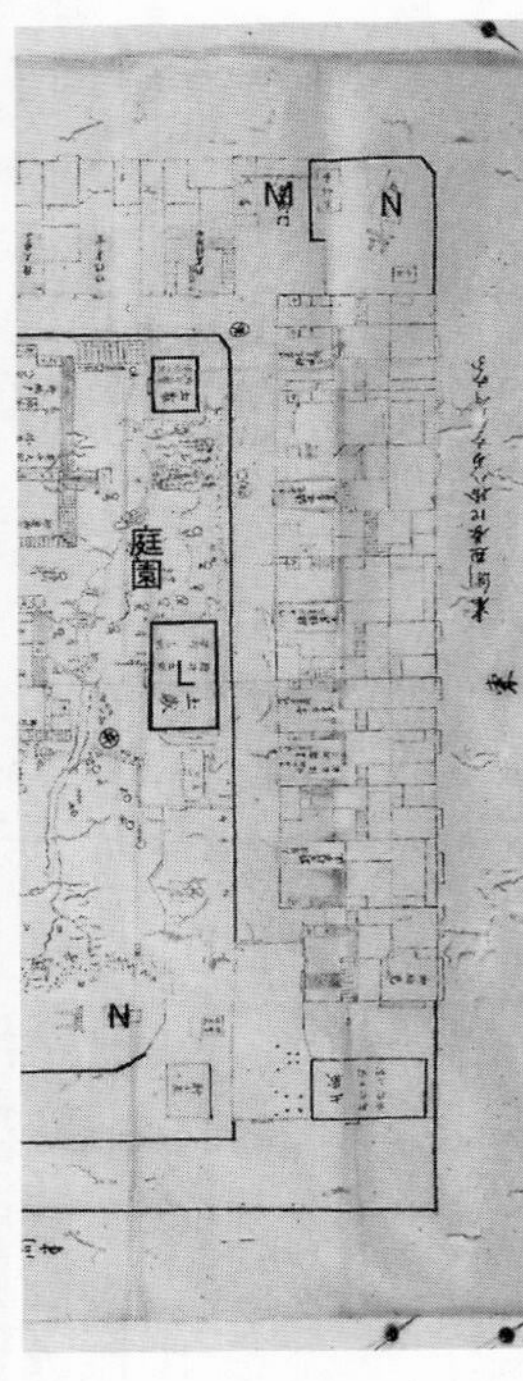

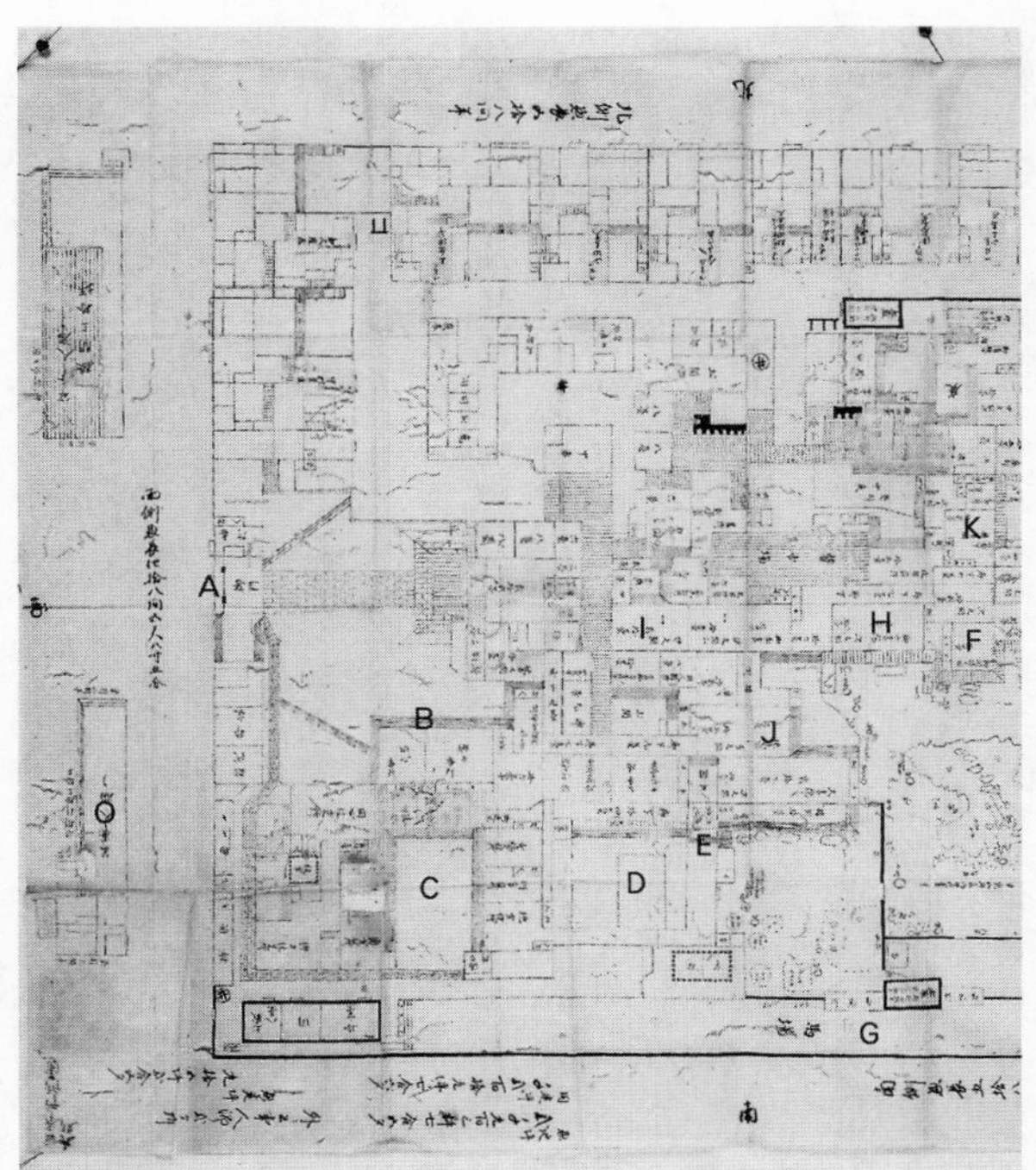

西町奉行所図　A御門、B与力・同心番所、C諸役所、D白洲、E御透見、F御用談之間、G馬場、H小書院、I炉之間、J地役之間、K奥居間、L土蔵、M裏門、N稲荷社、O公事人溜（神戸市立博物館蔵）

人物がいる。そのすべてが旗本で、奉行の辞令とともに大坂にやってきて、転任とともに江戸に帰っていく。そのひとりに、天保年間（一八三〇〜四四）に大坂町奉行を勤め、その後、勘定奉行・江戸町奉行を歴任した矢部定謙（さだのり）がいるが、彼は、「（江戸町奉行は）大坂町奉行の面白かったには及ばぬ」と言い放っている。しかし町奉行の制度的な概説をいくら繰り返しても、その面白さを語れない。面白さを証言する史料がないからである。そこで、町奉行の日記を探そうと、一九九一年から調査をはじめたが、これもまた、奉行所図と同様、わたしの前に姿を現した。

正確にいえば、わたし以前にだれも、本気で探しにいかなかっただけの話である。彼らが江戸の旗本である以上、大阪でいくら探しても奉行の日記は見つからない。読者が大坂の町人や近隣の村人であった御役録と違う点である。江戸の旗本なら、子孫も東京にいる。したがって確率の高いのは、東京である。こうしてわたしは関東と東北で、大坂町奉行と大坂代官の日記に出会うこととなった。奉行では新見正路と久須美祐明、代官では竹垣直道である。

西町奉行久須美祐明の日記は筑波大学附属図書館で見たのだが、これまた正確にいうと、戦前すでに前身の東京教育大学附属図書館に収められていた。面白いことに久須美祐明は、大坂の随筆として知られた「浪花の風」の作者久須美祐雋の父親である。さらに興味深いのは、祐明の『浪華日記』には、大坂の祐明と江戸の祐雋らとの間を行き来した書簡集『難波の雁（かり）』『難波の雁報牘（ほうとく）』というオマケまでついている。

大坂代官の日記は、天保期の谷町代官（東町奉行所の東隣、本町に移動した西町奉行所の跡に置かれた）竹垣直道のもので、維新史料編纂事務局から東京大学史料編纂所に伝わったものである。これを最初に取り上げたのは、藤田覚（さとる）である。藤田には江戸の政治史についてたくさん著書があるが、天保改革を論じるなかで『竹垣日記』を使った。わたしは、その跡をうけた。幕政という中央の政治史に関心のある藤田と異なり、大坂の武士というローカルな視点をもっていたことで、『竹垣日記』も、わたしの掌（てのひら）に入ってきた。

藤田の学恩は、西町奉行新見正路日記の収集という点でも大きかった。藤田は天保改革を論じるなかで、将軍家斉の御側御用取次新見正路の日記を駆使していたが、筆まめな新見は、その前職大坂町奉行在任中も日記をつけていた。それを一九九一年、東北大学附属図書館で閲覧したときの興奮も覚えている。『安藤昌益（あんどうしょうえき）』などの著書のある哲学者狩野亨吉（かのうこうきち）の文庫に収められていたが、史料は膨大で、新見の筆まめさに圧倒された。

わたしの前にこうして、町奉行と代官の三つの日記が出てきたのであるが、その出会いは、「武士の町」大坂という問いに導かれたからだと思う。

西町奉行新見正路

さて、新見正路が大坂町奉行に任ぜられたのは文政十二年（一八二九）四月十五日。天保二年（一八三一）九月十日にはその任を離れているので、在任期間は二年六ヵ月（閏（うるう）月を含む）である。就任時の年齢は数え年三十九歳、まさに働き盛りである。四月二十四日には、

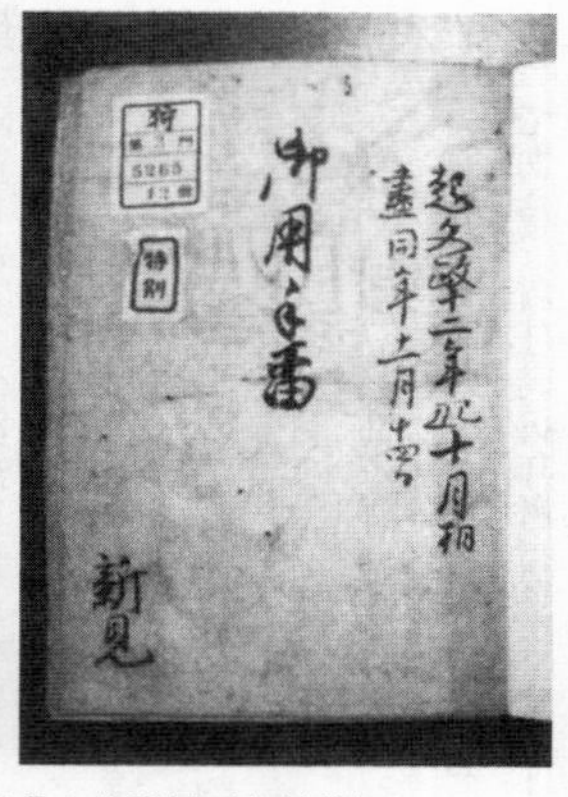

新見正路の『日記』と『御用手留』（東北大学附属図書館蔵）

新見の町奉行就任を告げる町触が大坂三郷に発令され、三ヵ月後の七月三十日、新見は大坂に着いたが、これも町触でわかる。そして八月十五日を期して、『日記』をつけはじめる（図／新見正路の『日記』と『御用手留』）。

冒頭に「陰晴、夜ニ入快晴、月光如昼」と記したのち、「六半時（午前七時ごろ）揃にて御用談間において八役礼を受け、次に迎方父子出る、小書院において、月番与力・当番とも一同出礼受る、いずれも目出度旨詞かけ、そのほか時候挨拶」と記す（『大坂西町奉行新見正路日記』二〇一〇）。

一日と十五日は当時、式日として各種の儀式があった。その式日の記事をつけることで、日記をスタートさせたわけである。ところが五日後の八月二十日、新見は新たにもうひとつの日記を起こし、『御用手留』とタイトルをつける。これには、「町中強盗の訴あるにつき、捕方きびしく申渡」したとして逮捕者の名前が続く。

タイトルだけで考えると、『御用手留』（以下『手留』）が公用を意味し、『日記』は私用と考えられるが、『日記』二十日の項には、大坂城代を案内しての四天王寺参詣の記事が続くので、これもやはり公用である。

しかし与力・同心を指揮しての業務を『手留』に入れ、城代や船奉行らとの面談や随行を『日記』に収めるという分離は、いかにも窮屈である。日によっては、八月二十三日のように、『手留』が六行で、『日記』が一八行というアンバランスを生じることにもなる。この分離の拙さに気がついた新見は、九月に入ると、城代らとの面談の記事を『手留』に移行し、九月六日には「御城入、御目付交代之式あり」と書きはじめる。その結果、『手留』が三二行と大幅に増加し、対する『日記』は一〇行に激減した。

『手留』に「表」の世界に関する公務を集めることで、新見は公用日記を確立しはじめたのである。そうなれば『日記』は必然的に、表に対する「奥」の世界に収斂する。九月二十一日に、家中訓戒掟書を家老から主だった与力に読み聞かせているのは、その好例である。二十七日には相役奉行高井山城守（実徳）を「初めて奥江通し、家内一同対面いたす」と、「奥」が記述される。そうなれば妻や母親・子どもたちに、筆が及ぶのも時間の問題である。はたせるかな十月三日、「御母公様、天王寺より住吉社へ参詣」として新見の母が登場する。

こうして『日記』は、奥向きを記した日記の色合いを強めるが、年も改まった文政十三年正月元日には、『日記』は『手日記』と言い換えられる。ここにいたって「表」の『手留』に対する、奥の『手日記』として完成する。

大坂在任中の日記を数えると、『手日記』の五冊に対し、『手留』は一三冊と圧倒的に多い。しかしながら面白いことに、「表」と「奥」、双方の日記を残すことで、『新見日記』には、まったく異なった顔ぶれが登場する。『新見日記』の醍醐味である。

奉行の初入り

新見は、大坂着後、半月ほどたって『日記』を書きはじめた。そのため、大坂到着の前後がわからない。新任奉行の大坂入りは、「初入り」とされ、それなりの一大事であった。なによりも奉行が大坂に入る日が、触書で周知されている。はじめて大坂に足を踏み入れる奉行にも、新たな頭（奉行のことを与力・同心たちはカシラと呼んだ）を待ち受ける与力・同心や、大坂市中の人びとにとっても、興奮の瞬間である。

その興奮を新見に代わり、書きとめた西町奉行がいる。久須美祐明である（『大坂西町奉行久須美祐明日記』二〇一六）。久須美は、江戸を出発した天保十四年（一八四三）五月十六日から日記『浪華日記』をつけているが、六月二日に船で大坂に入った。伏見を前日の午前八時ごろに出て、船のなかで一夜を過ごし、七ツ時、午前四時ごろに大坂八軒家に到着。揚がり場には未明にもかかわらず、使者、与力・同心、町年寄、用達、出入医師などが道の左右を埋め、「記すこと能はず」。その後、本町橋袂の役所門前で駕籠から降り、役宅に入る。東町奉行水野若狭守忠一の出迎えを受け、ただちに与力・同心の引き渡しを受ける。

　奉行の交代中、空席となった奉行所とその配下の与力・同心は、残ったもう一方の奉行の管理下に入った。この場合は、西町奉行所と西方の与力・同心が、数ヵ月間、東町奉行水野の管理下にあったのである。しかし六月二日に久須美が受け取ったのは、与力と同心のみである。屋敷はどうなっていたのか。屋敷はすでに、受け取られていた。受け取ったのは、久須美から先番として派遣された家臣である。

　この経緯の詳細が、『新見日記』でわかる。相役であった高井山城守の後任、曾根日向守（次孝）を迎える立場で新見が『手留』に認めたからである。それによれば、天保二年（一八三一）二月八日、曾根の「先用家来」が到着した翌日に、東役所は引き渡された。曾根が着くのは同月二十七日であるから、二十日ほど先んじている。直後の三月一日、月並みの例席で掟書が読み聞かせられ、新任の頭と与力・同心との関係が正式にスタートする。

　しかし曾根の東町奉行拝命はもっと早く、前年の十一月八日である。前任高井山城の辞任を認めるとともに辞令が下りているが、それから先乗り部隊が到着するまで、二ヵ月は優にある。新見の場合も、辞令を受けたのが文政十二年（一八二九）四月十五日で、到着する七月三十日までやはり三ヵ月以上ある。いったいこの間、なにがおこなわれていたのか？

迎方与力

これもまた曾根のケースが、『新見日記』に記されている。曾根が、後任東町奉行に任命されて一ヵ月後の十二月九日、曾根から新見に返書が来て、「迎方(むかえかた)源右衛門に申付」る旨を伝えてきた。そこで早速、当時、喪中であった田中源右衛門の服喪期間を切り上げ、翌十日に出頭させている。そこで新見は源右衛門に、「迎方申し渡し候間、諸事先格の通り念を入れて勤めよ」と申し渡している。

「迎方」とは文字どおり、新任町奉行を大坂で迎える準備万端をする人物のことで、同組の古参与力が命じられた。したがって「迎方与力」ともいうが、曾根が東町奉行なので、東組与力のなかから田中源右衛門が選ばれた。天保二年（一八三一）の御役録によると源右衛門は、諸御用調役につぐ支配のポストに就いている。のちに第六章でみるように、与力は年功序列の世界なので、おそらく与力生活四十年前後というベテランであろう。

源右衛門は文字どおり、曾根が江戸から大坂にやってくるとき、東海道の草津宿まで出迎えに派遣されている。二月十八日に大坂を発って以後の記載は『新見日記』にないが、草津でイの一番に曾根に見(まみ)え、その後、大坂まで同道したのは間違いない。

しかし、新奉行曾根を迎える準備の核心は、そこにはない。核心は、曾根に提出する「定例の諸書物」と「御役所絵図」などを用意することである。天保元年十二月十四日、源右衛門はそれらを整え、新見に点検を受けている。

その後の経緯は『新見日記』ではわからないが、それらの書類は江戸の曾根のもとに送られたと思われる。なぜなら新出の「西町奉行所図」には、奉行所の長屋に住む家臣たちの氏名が一軒一軒、貼られているからである。赴任に先立ち川村修就が、江戸で書き込んだものと思われる。あわせて久須美祐明も、こんな証言を残している。久須美は役宅に入ってすぐに、「役宅奥向きなどは手広く存外の義にて、兼ねて絵図に見及び候よりも間数多く」と驚いているが、すでに「御役所絵図」を見ているのである。

　こうして奉行の交代は、新任奉行の任命↓迎方与力の任命↓役所書類と絵図の準備↓先乗り部隊の出発↓奉行所の引き取り↓奉行の到着↓与力・同心の引き取り、という過程を踏んで完了する。

月番と非番

　文政十二年（一八二九）七月三十日に初入りした新見が、与力と初入りの盃（さかずき）を交わすのは八月二十二日。すでに町奉行としての仕事ははじまっているが、月番は、先任の東町奉行高井実徳である。高井実徳の東町奉行就任は文政三年（一八二〇）十一月であるから、新見が大坂に着いたときにはすでに九年目というベテランである。太田資始（すけもと）の大坂城代就任が文政十一年、玉造口定番の酒井忠重（ただしげ）も同年、京橋口定番の大久保教孝（のりたか）が文政四年であるから、首脳部五人の間で最古参である。

　そのベテランと新見は、東西交代で月番を勤める。この月番制は、江戸町奉行なども同様で、職制上のひとつの特色であった。東が月番なら、西は非番で、交代にあたっては、「月番送り」がなされ、双方の家老が担当した。

新見は、文政十二年九月にはじめて月番を勤めた。前日にはその旨が、公用人から与力に伝えられ、当日九月一日には、「奉書箱はじめ御用書物箪笥」が東から送られてくる。月番が替わるたびに、御用箪笥は東西を行き来した。その中身を教えるものとして、九月一日の記事がある。それによると公事番書付、在牢人数書、牢舎鞘入見競書、服薬人数書などがみえる。公事番書付は、御用日ごとに割り当てられた公事の件数。在牢人、つまり留置者については実数も記されているが、牢舎は東掛二四人・西掛一一人・両掛五人、鞘入は東八四人・西四人、新溜入は東三六人・西三人と留置所ごとに集計されている。圧倒的に東が多いが、その理由は、西町奉行交代の間、東町奉行の「一人勤め」であったからである。

最初の御用日にあたる九月二日には、六ツ半（午前七時ごろ）に支度し、五ツ（午前八時ごろ）から審理にあたっている。御用日は二日、五日、七日、十三日、十八日、二十一日、二十五日、二十七日と月に八回あり、御役録でも公開された情報である。

月番・非番の区別は、『手留』も『手日記』も含め『新見日記』を彩るアクセントになっている。なぜなら、月番のほうが、非番よりも記事の数が多いからである。とくに目立つのが『手留』に御用日として書き込まれた訴訟件数で、初月番の九月二日には、

訴訟はじまり一五九口、糺物八口、一ツ聞一二口、内寺社一口、遠国一一口
九時打公事はじまり一六口、一ツ聞一〇

と記す。

公事・訴訟は、近世における民事・刑事双方の裁判訴訟をさす。公事のうち、金銭の貸借にかかわるものは金公事として、それを専門に扱う「御金日」が設けられているので、これらの口数には入っていない。

大坂町奉行所は、摂津・河内・和泉・播州の四ヵ国という広い範囲（大阪府全域と兵庫県の一部）を管轄したうえに、大坂という人と物資の移動センターをもっていたために、西日本の各地からも訴訟が提起された。「遠国」は、それをさしている。これらの口数のうち「一ツ聞」は、ひととおり吟味すること、「糺物」は奉行も立ち会いのうえでの審理を意味するが、それがきわめて少ない。審理しない以上、結審を迎えないので、その少なさは訴訟の遅延を招く。

新見は御用日の件数を、月番ごとに書き続けた。とくに文政十三年は、一人勤めもあって、一年十三ヵ月（閏三月がある）のうち、十ヵ月の公事訴訟数が判明する。それによると、訴訟総数七二三二口、うち「糺し」が三五八（約五パーセント）、公事総数四五九二口、うち「糺し」が二〇二（約四パーセント）という数値が得られる。近世の訴訟裁判制度の具体像を追究する大平祐一は、このデータを踏まえ、大量の訴訟事件を「二名の町奉行とわずかの吟味方与力の手で処理することは、とうてい不可能といわざるを得ない」と指摘している。審理件数が全体の四〜五パーセントであることも考慮すると、訴訟審理体制の不備は明らかで、それは訴訟遅延と内済（和解）の蔓延をもたらす要因となっていた（『近世の非合法的訴訟』二〇一一）。

市中巡見

初入り後に、奉行がかならずおこなうのが市中三郷の巡見であった。それには自分の管轄場所をみずからの「目」で確認するとともに、現地の人間に「顔」を見せておくという意味合いがあった。

新見は初月番中の九月三日に北組、十一日に南組、そして二十四日には天満組を廻っている。先任奉行高井が同行した。したがって高井の後任曾根が着任すると、今度は新見が先任として、曾根の巡見に同行した。当時、大坂には北組二五〇町、南組二六一町、天満組一〇九町、あわせて六二〇町があったが、そのなかの決められたコースを巡見したのである。というのは、「町順路書、川崎御蔵それぞれ折本」「巡見手続書」と、手本があるからである。

興味深いことに、南組で途中、長堀の住友吉次郎宅を訪れ、贈物を受け取っている。それを「初入りの例」だと、新見は『手留』に記している。久須美も後年、住友甚兵衛銅吹所を見聞したが、九尺の床の間に狩野探幽の画が三幅も掛けられていると驚きをもって記している。

また天満組では与力・同心の住む地区を廻り、とくに迎方与力と調役、および同心支配といった与力職最上層の役宅には、それぞれ赴いている。久須美も同様だが、途中、建国寺

（川崎東照宮）に参詣し、「大塩平八郎騒動の節類焼後、元形に普請でき、至つて奇麗」と記す。建国寺は、大坂の川崎東照宮の神宮寺で知られた。

市中巡見も、人が変われば、目のつけどころも、記載内容も異なる。その意味で新見の淡白な記述にくらべると、久須美の視線はねちっこい。たとえば天保十四年（一八四三）六月八日の北組巡見で久須美は、和光寺・新町廓（しんまちくるわ）・東本願寺・座摩（ざま）社・牢屋敷とコースを記すばかりか、「町方の者老若男女傍らに蹲踞（そんきょ）して見物することおびただしいが、不敬の儀はない」「江戸に准じる大都会の地で、右様のことは実に御威光故」とありがたがっている。

また十九日の南組市中巡見でも、玉造稲荷・高津社・生玉（いくたま）社（現在は生国魂（いくくにたま）神社）南坊昼食、道頓堀（巡見につき芝居休み）・千日仕置き場・二軒茶屋・難波御蔵とコースをひとつ書いている。さらに二十三日の天満組巡見では、「市中を見るに江戸びんつけ、江戸足袋、江戸鮎、江戸たばこなど江戸を唱へる品余多（あまた）あり」と、店舗の商品にまで目が行き届いている。コースは決まっていても、見たものにあからさまな感想を隠さない久須美の『浪華日記』は、ひとつの大坂見聞記となっており、興味は尽きない。のちに、章をあらためて取り上げることとする。

諸役所

再び絵図に戻って、奉行所のなかに入ってみよう（以下九六―九七ページの図参照）。西町奉行所は、西に向かって御門（A）があった。御門を入ってまっすぐ進めば、式台のある玄関。右手の石畳を通れば、与力・同心番所（B）にいたる。左手に進むと、家臣の長屋の一画に入る。正面と左手はのちにみるとして、右手の与力・同心番所は、「東町奉行所図」には当番所とある。その意味は、宿直を含めた当直者の場所である。与力・同心が、それぞれ交代で詰めた。

その右手に、調方番所を真ん中に、コの字形に地方・寺社方・川方・盗賊方・勘定方などの役職名が書かれたスペースがある。傍らには休足所があり、ここが、与力・同心の詰めるオフィスであることを示す。新見はここを、「諸役所」（C）と呼んでいる。

図面にはもう一ヵ所、コの字形のスペースがある。それには書き込みがないが、廊下を隔てて公事場とあることや、「東町奉行所図」を参考にすれば、そこは白洲（しらす）（D）である。「東町奉行所図」には、願方と相手方の溜（待合）が指示されている。月番の新見が、月に八日の「御用日」に公事訴訟を裁いているのは、この場所である。門外の「公事人溜」（O）に待つ人びとは、呼び出しを受けて、この場所に進んでいったものと思われる。審理までの待機時間を考えると、「東町奉行所図」が描くように、近くに茶店が出るのも理解できる。

公事場に向かって右手に、「御透見（おすきみ）」という気になる場所（E）がある。城代が町奉行所に出向いて公事訴訟を聞く、「公事聞（くじきき）」の場である。日記には「透聞」「高聞」とも出るように、城代が、奉行所での審理を秘（ひそ）かに見聞する場所である。公事聞の後は、御用談之間（F）に城代を案内しての酒食となる。

公事聞は、定番や目付、堺奉行などもおこなうが、頻度のもっとも多いのは城代である。

奉行所で下調べした内容や実際に審理した結果を、新見が、城入りのときに公用人を介して城代に上げる記事が日記に頻出する。その後、城代から下札（さげふだ）がついて返却されてくるが、奉行の下す裁断には城代の「承届（うけたまわりとどけ）」つまり承認が必要であった。いうなれば城代は、町奉行の上官としての側面ももっていたのである。

ある日、城代太田資始は公事聞の後、御用談之間の隣にある小書院（H）から庭に出て、馬場（G）に向かっている。「西町奉行所図」によると庭には池があり、松や楠（くすのき）の植え込みがある。そこを抜けると馬場にいたる。「東町奉行所図」には、左右に桜木の並んだ馬場が描かれ、その背後に射撃場の的がみえる。「組与力同心武術見分」（文政十三年〔一八三〇〕二月十九日）、「今日馬乗初（うまのりはじめ）いたす」（天保二年〔一八三一〕正月九日）などと新見が『手留』『手日記』に書いている、その場所である。

頭と与力

ところで、池波正太郎の『鬼平犯科帳』シリーズの愛読者ならご存知と思うが、火付盗賊改方（あらためかた）の与力佐嶋（さじま）や同心兎忠（うさちゅう）（木村忠吾）らは、長谷川平蔵を「御頭（おかしら）」と呼んでいる。実際、大坂町奉行所与力も、新任町奉行を「御頭」と記している。大坂に残された与力八田（はった）家の文書には、明和五年（一七六八）三月、室賀（むろが）山城守（正之）が東町奉行に任じられ、着任する経緯が、与力の目から描かれているが、そこで「御頭」と出る。

八田家文書が与力の目から頭を仰ぎ見たものとすれば、『新見日記』は、頭の視線で、与力・同心を見つめている。新見が日記を、「御用談間において八役礼を受け、（略）小書院において、月番与力・当番とも一同出礼受る」という記事からはじめたのも、与力との関係樹立が町奉行の核心だと考えたからにほかならない。

その重要性は、日記を読み進んでゆくと自然に理解される。彼らの名前が「迎方九郎左衛門」「調役三郎兵衛」「察右衛門へ渡す」のように、姓ではなく名前のみで、頻繁に日記に書かれるからである。

御役録に示すように、当時、与力の役席には以下の二四役があった。

諸御用調役／支配／目付／遠国役／勘定役／寺社役／川役／地方役／兵庫西宮上ケ知方（あげちかた）／吟味役／盗賊役／極印役／御金役・鉄砲改／糸割符／御普請／御石／唐物（からもの）取締定役／流人（るにん）役／目安証文役／小買物／御蔵目付／火事役牢扶持（ふち）／御塩噌（えんそ）／欠所（けっしょ）／定町廻

与力の役席については数次の変更をへており、諸御用調役は、享和二年（一八〇二）に新設されたものである。一般に与力は、初御目見・御用日見習からスタートし、やがて末席の定町廻に就くことでキャリアアップをはじめる。それから三十年から四十年前後を要してトップの諸御用調役に上り詰めていくが、これは完全な年功序列の世界である。大塩平八郎といえども例外ではない。またデビューしても、父親が引退し、跡番代を譲り受けるまでは、役席に就きながらも、身は見習であることが多い。第六章でみる与力内山彦次郎も、当時、父藤三郎が目付として現役であったため、長く見習であった。

その意味で役席は、比較的ハードな枠をもっている。その理由は、与力の騎数三〇（東西では六〇）が幕初以来、増加していないからである。ところが用務は時代とともに増大、それに応じて役席は、仮役も含め増えている。文政十三年年頭版の御役録によれば、二四役席に、西組だけでのべ六四人を数える。三〇騎とは符合しないが、そこにはトリックがある。

ひとつは、ひとりが複数の役を兼務することである。たとえば内山の父藤三郎は当時、目付・勘定役・兵庫西宮上ケ知方を兼務し、息子の彦次郎も超多忙な盗賊役と唐物取締定役を兼務している。ひとり一役は、デビューしたての与力見習くらいしかない。

もうひとつは内山父子のように、親子で勤めるからである。御役録裏面に描かれた役宅図は、その様子を具体的に示す。内山家が両名なら、大塩家も平八郎と格之助の両名が書かれている。東西合わせると六〇家のうち、二七家には複数名が記されている。後継者を養成すると同時に、それをいちはやく、見習身分のままで実務に就かせる。それなくしては与力という世界は廻っていかない。

異動と褒賞

それでも人手は不足していた。たとえばだれかが病気になった場合、あるいは囚人の江戸送りで大坂を長期間、離れることもある。そうすると、たちどころに人手不足となる。また事情によっては「盗賊役御用多」、あるいは「来月（六月）神事多く」捕方同心の手が足りなくなることも予想される。そこで、仮役・定仮役という暫定的な役席が生まれる。

着任後の新見は文政十二年（一八二九）十月二十日、組与力二九人を一挙に異動した（東は一二人）。場所は小書院である。その後も、同十三年二月二十六日に「与力掛替増掛（かけがえましかけ）」、四月十日に同心の「転役掛替」、十二月一日に「役替掛替」と異動を繰り返している。しかも「役替役掛姓名書」という書類がつけられている。このうち転役・役替とは、役職の変更で、それには当分仮役も定仮役も含まれる。その様子を『手留』から確認してみよう。

文政十三年三月二十四日、与力松井金次郎が囚人の江戸送り宰領として、同心三人とともに出発したが、翌閏三月四日、「盗賊役御人少（おひとすくな）」として成瀬新左衛門が盗賊方出役仮役に、五日には金次郎帰坂までとして吉田楠左衛門が吟味方当分仮役に任じられている。当時、松井金次郎は、吟味役・盗賊役に唐物取締定役を兼務していた。金次郎らは、恒例の日光東照宮参拝を済ませて四月十一日に帰坂、これまた恒例につき五日間の休暇をもらう。その間、閏三月二十九日には「吟味役御人少」として、江戸に囚人宰領として出た永田察右衛門の跡を仮役吉田楠左衛門で埋める。金次郎は四月十七日から出勤するが、「御用多」を理由に仮役は留任となる。そして七月五日には、金次郎が病気引き込みとなり、あらためて寺社定仮役当分仮役服部弥太郎と盗賊方当分仮役成瀬新左衛門が、それぞれ置かれている。まるでパッチワークを継（つ）ぎ接（は）ぎするかのように、仮役と当分仮役が任じられている。これもひとえに、人手不足のうえに、ひとりが複数の役席を兼務していたからである。それに加え、堺奉行が参府の場合には堺掛、加番の交代には武器掛、そして土砂留や大川浚（ざら）えには、その掛が任命される。「役替掛替」のうち掛替に相当する。

このような激務を見越してであろう、与力の激務を慰め、勤労意欲を掻き立てるかのように、奉行は定期・不定期を問わず、与力・同心への褒美を欠かさない。定期では七月の褒美と十二月の歳暮祝儀、そして五十年以上の勤続者への褒美がある。不定期では、強盗や火付け人を捕らえたことへの褒美、御用申し付け骨折り手当などがあり、そのたびごとに、金二〇〇疋や五〇〇疋（金四〇〇疋で一両）が与えられた。生涯を通じると、その回数がどれほど膨らむものか、のちに内山彦次郎を通してみることとする。

いずれにしても優れた与力・同心がいるかどうかは、町奉行の実務に直結し、ひいては功績に結びつく。それは、後継者養成という課題を奉行に突きつける。新見は、それをかなり意識したようで、現役の与力・同心に文武の訓練を求めた。武では、剣術・馬術の鍛錬を求め、武術見分すらしている。一方、懐徳堂預中井七郎を招いて夜講を開き、さらに与力・同心の子弟にも、漢文の素読を勧める。わずか三〇家しかない与力、その人的資源を生かすも殺すも、奉行の腕次第である。

大川浚え

転勤族の奉行も、地付の与力・同心も、在任中に、よほどの幸運がめぐってこない限り、個人として歴史に名を残すことはない。幸いなことに新見は、天保二年（一八三一）春の「大川御救浚え」によって、その名を大坂の地に刻むこととなった。

大坂市中を東から西に横断する大川の浚渫（しゅんせつ）つまり「大川浚え」には、ひとつの前提があった。それは、上流勢（せ）（瀬）田（た）川の浚渫である。ところがそれは、下流淀川沿岸の村々に増水の不安を募らせ、摂津・河内の沿岸村々は反対の立場を示した。その間に立って、文政十三年（改元して天保元年、一八三〇）八月、江戸から派遣された勘定役大竹庄九郎が斡旋するが、難航、その難題は新見に任されることとなる。九月八日、新見は摂河三〇〇ヵ村の惣代二一人を奉行所に呼び、裁許場で説諭する。それが功を奏し、全員の承諾を得るのは十月三日のこと。この後、三郷市中の意向が惣年寄を通じて確認され、十一月十五日に決着をみる。この間、二十六日の『手留』にはじめて、「摂河在々大坂三郷市中御救のため淀川筋より市中川々まで大浚」という記事がみえる。早速新見は、二十八日、川浚え所と安治川口を巡見している。

その後、十二月八日、大川浚えが大坂三郷と摂河村々に承認されたことを城代に伝え、それはさらに江戸へと報告され、年も改まった天保二年正月二十九日、淀川筋浚えを「手（て）限（ぎり）」、つまり新見の専管事項として取り扱うようにとの指示を、城代から受ける。

そして二月八日、川浚えに関する江戸からの下知が、各方面に通知される。それに符節を合わせるように、このころから川浚えへの協力態勢が出来はじめる。一月二十四日を皮切りに、町人から献金の申し出が相次ぎ、三月一日、二十日には、奇特の志と誉めている。それぞれ「都合三建（さんたて）」、つまりは面会を三回に分けるほどの人数であった。

川浚えは三月八日、安治川口と道頓堀川でそれぞれはじまるが、新任奉行曾根日向に月番をバトンタッチした四月三日、風邪をこじらせ、新見は長く病に臥せる。この間も川浚えと堤普請は続き、復帰した新見は六月、七月と各地に見分に出かけ、八月には「出来栄」見分、竣工検査があった。八月二十日には、安治川口に赴くが、惣年寄はじめ三郷町年寄が残らず出ており、「土砂持ち手伝ひ人足三郷合はせて五千人程」と書いている。

新見家の墓碑　中央の新見家墓碑をはさみ、右に正路、左に子の正興の墓碑が立つ。正路の墓碑の周囲には「大川浚え」などの功績が書かれている（東京都中野区願正寺）

二十二日の江戸への出発を控え、ここにいたってさすがの新見も、感極まっていたのではないか。そういえば、年頭や八朔に町人から礼を受けても、これまでその人数をいっさい記していない新見が、八月一日に限り、「およそ七建にて千人ほど礼を受ける」と書いている。一月以来の「御救大浚」への取り組みを通じて、新見の知名度と信頼度が俄然、高まっていったと思われる。

こうして大坂川々の浚渫がなり、その土砂をもって安治川沖に廻船の目印として山ができたが、のちに天保山と呼ばれ、大坂の新名所となる。それとともに町奉行新見の名は、大坂三郷の記憶に留められた。

新見もまた、わずか二年余しか滞在しなかったにもかかわらず、大坂を強く記憶に留めた。

文人新見正路

稀代の考証家森銑三の著作集のなかに、新見に触れた小論がある（『森銑三著作集 続編』一、一九九二）。「幕臣中の蔵書家として最もよく知られてゐる一人に、賜蘆文庫の主新見伊賀守正路がある」ではじまる小論であるが、『賜蘆書院儲蔵志』の序文の一節が、新見にとっての大坂を物語る。

天保改元の年、浪華市尹命ぜられ彼地に赴きしに、さすが畿甸の地、往古よりの名区にて、名にしおふ平安の京も遠からざれば、吾妻にも稀なる古版旧鈔の珍籍も多く現存して、往々見当りぬ。況其諸国商船の輻湊する所にて崎陽の渡口なれば、漢籍を得るの便も亦宜し。爰に於て費を惜まず力を尽して是を購し、経史子集は更なり、国書草子の類までも吾少時に比すれば頗る蓄る所有と云べし。

新見の着任したのは文政十二年（一八二九）、天保改元は文政十三年であるから、そこは記憶違いであるが、その在任中に、書物の収集に努めたというのである。その後も収集は続けられ、「几案の四隅文籍満て縦横堆くして、膝を容るの地もなき」状態になったので、江戸の飯田町にあらたに賜った屋敷に書庫を建て、それを収めたと述べている。序文は、天保九年（一八三八）に記されているが、序文につけられた総目には、一六二八種、三万四七二巻、一万一五一八本として、蔵書の数が挙げられている。なるほど一旗本、一町奉行の域を超えた蔵書というべきであるが、そのきっかけを、町奉行時代の大坂で得たというのである。

この証言は、『新見日記』をまったく別の観点から読むことを求める。奉行としてではなく、「文事」に明るい武士、あるいは文人として読み解くという道である。はたせるかな、『手日記』にも、『手留』にも、書画の贈答、あるいは貸借の記事が頻出するのである。もっとも象徴的なのは、当時大坂で「学校」、あるいは所在地をとって「尼崎町学校」といわれた懐徳堂とのかかわりである。

文政十三年二月二十六日、新見は学校預中井七郎を招き、小書院で『貞観政要』の講釈を受け、与力・同心たちに聞かせている。この講釈は毎月三度、六のつく日に定期的におこなわれた。城入りし、城代と面談を終えた後のことで、時間帯は午後か夜であろう。『貞観政要』ではじまった講義は、のちに『論語』も加わり継続される。

こんな新見に対し城代太田資始は文政十三年五月十五日、『逸史』全一三冊を原本どおり写して差し出すよう求め、あわせて『通語』を取り寄せるように依頼している。『逸史』は中井竹山、『通語』は中井履軒の代表作で、いずれも懐徳堂の出版物として知られている（図／『逸史』）。それを城代は、新見を介して入手しようとしたのである。新見は早速翌日

『逸史』天保13年官許、嘉永元年版『逸史』の一部。首巻と子〜亥の12巻からなる（関西大学図書館蔵）

に、『逸史』の謄写を当時の懐徳堂塾主中井七郎に頼んでいる。依頼した城代側の史料『要用留』によれば、『逸史』が城代太田のもとに届けられたのは、翌年五月一日のことである。

『手日記』にはまた、中国元代の画家銭舜挙画二幅を、東町奉行高井実徳についで城代にも慰みにお目にかけるとの記事がみえる。新見のもとには、珍しい書画が集まりだしているのである。その様相は、〔表／『新見日記』に見る書画の往来〕のとおりだが、大坂・堺はもちろん、江戸もみえる。これに在坂中に新見が入門した冷泉家を加えると、京都も視野に入ってくる。新見はまさに、書画往来のターミナルの位置にいる。

こんな新見と、陽明学者であり、洗心洞主であった大塩平八郎との間に接点が生まれるのも必定である。『手日記』の文政十三年八月十四日には、『読史管見』という書物が大塩から届けられた旨を記すが、ここにあるのは『手留』に出る与力と奉行の間ではなく、文人同士の間柄である。さらに新見は大塩を通じて、頼山陽の『日本外史』写本を入手するが、これ

『新見日記』に見る書画の往来

年月日	書画	差出	受け取り
文政			
13.2.27	日本史47冊 逸史13冊*	江戸・塙次郎 東奉行所	新見 新見
2.29	列朝詩集	新見	内膳正
3.6	平野屋五兵衛蔵杏壇	新見	城代
閏3.17	頼みの絵 直約の書物	新見 堺	定番・川口 新見
4.10	書籍二冊鞆の図考	新見	城代
4.14	草茅危言校正刷	中井七郎	新見
5.14	舜挙画幅	新見	東・城代
5.15	逸史写、通語*	新見	城代
6.9	詩仙堂詩	玄同	新見
6.26	大東紀略・東府外記	新見	城代
7.11	正平本論語・先哲叢談	新見	堺奉行
7.22	十三経注疏、朱子文集	尼崎又右衛門	新見
8.11	古器・古筆	天王寺	新見
8.14	読史管見	大塩平八郎	新見
8.15	狩野探信三幅対絵、餞別*	新見	高井山城
8.17	南宗寺蔵版論語摺本	堺奉行	新見
9.13	亀鏡抄返却	江戸・塙次郎	新見
9.14	頼弥太郎日本外史	大塩平八郎	新見
9.25	公卿補任 明月記・大日本史写	成島道筑カ 江戸・塙次郎	新見 新見
10.17	通語返却 五朝名臣言行録	城代 新見	新見 城代用人
10.26	朱邦筆四季山水図4幅対	城代	新見
11.17	大日本史写本	江戸・留守宅	新見
11.19	家記類書目	江戸・塙次郎	新見
天保			
2.2.9	大雅堂画幅	成瀬九郎左衛門	新見
2.30	列朝詩集代金3両3分2朱	内膳正	新見

備考：表中では貸借、贈呈、売買の区別をしていない。
＊は『手留』の記載で、それ以外は『手日記』の記載。

には大塩の並々ならぬ苦労があった（相蘇一弘「大塩平八郎と頼山陽――文政十三年『日本外史』の譲渡を巡って」『大阪歴史博物館研究紀要』一、二〇〇二）。新見は与力瀬田藤四郎を介して、豪商鴻池から三〇〇〇両を借りている。その用途は大川浚えであったとされているが、書籍の購入のためとみることも一案であろう。新見にとって大坂は、出版と学芸の町であった。

奥の世界

最後に、みたび「西町奉行所図」に戻ろう。その主屋のスペースを区分すると、第一に与力・同心の勤務する諸役所を中心としたスペース、第二に御用談之間から小書院・炉之間・地役之間などの応接空間と家老・近習詰所のあるスペース。これらは表の日記『手留』と照応する場所である。そして第三に、奥居間から左手に広がる「奥」の空間があり、それは『手日記』に対応する。家老や用人、納戸・近習などは別区画の長屋に住んでいるので、第三のスペースはまさに、新見の家族の空間である。孫の正一郎をともなって赴任した久須美祐明は、入居後、奥を見るなり、「正一郎とふたりでは広すぎる」と驚いている（『浪華日記』）。

新見は、そうではなかった。新見は複数の家族をともなった。まず「母人様」がいる。さらに、大坂で亡くなるが実母嘉代がいる。その葬儀を内々でおこなっていることからすれば、嘉代は、父親新見正登の側室あるいは妾であった可能性が高い。一五〇〇石の大身旗本である。妾を置いていても不思議ではない。実際、新見が妾をともなって大坂に来ていたことは、「妾腹出生」とあることからわかる（正室は江戸の留守宅にいたと思われる）。新生児を新見は、次男鉉吉郎と呼んでいるが、病弱で一歳に満たぬ間に、大坂で亡くす。わずか二年余の在坂中に新見は、実母と実子を亡くしているのである。

夭逝した鉉吉郎が次男ということは、長男がいたことを意味する。それが、『手日記』によく出る房次郎で、大坂にいた。父の名代で、正月七日に小松を引きに行き、墓参もする。褌祝いもされ、嫡男としての期待が一身に注がれているこの房次郎、三浦家から正路の養子となった新見正興のことと思われる。文政五年（一八二二）生まれなので当時十歳前後である。さらに長女も、大坂にいた。「お長髪置き内祝ひに稲荷参拝」とあるので、三歳前後であろうか。

新見にとっては、キャリアアップのひとつとして着任した大坂であったが、母人や長男・長女にとって大坂は、別の味がする。執務に忙殺される父親をよそ目に、「諸口村へ菊見」「延気（気晴らし）に堺住吉へ」というように、春秋の好季節に、大坂生活を楽しんでいるのである。

泉水と稲荷社

「西町奉行所図」の東北には、池泉回遊式の庭が描かれている。しかも目を凝らせば、この図面には、庭園に配られた石と植え込みのみならず、樹木の種類が一本一本、桜・モッコク・櫨・松・楓・山吹などと明記されている。それに注記して「甲寅八朔庭向模様書之事」

とあることからすれば、甲寅（嘉永七年〔一八五四〕）八月の庭園景観を余すところなく描いているのである。金沢の兼六園はもちろん、東京駒込の六義園にも及ばないが、泉水と樹木のある庭は、屋敷内で過ごす江戸人に大坂の四季を教えたであろうことは疑いない。天候を書く『手日記』には、「泉水氷見ゆる」（文政十二年十二月十三日）のような季節感たっぷりの記述がある。

冬に泉水が凍ったとするならば、夏はどうか。これについて『新見日記』は、なにも語らない。その欠を補うのが、久須美祐明の『浪華日記』である。食いしん坊のこの老奉行にしては珍しく、泉水に触れた記述がある。それによると前任奉行阿部正蔵が在任中に、飲料水にすべく裏門と東長屋の間に掘り抜き井戸を掘った。ところが鉄気が強く、飲料水に適さないということで放置され、家中の者が洗濯などに使いはするものの垂れ流していた。久須美は、その湧き水を、夏場水が涸れ、灰のようになった泉水に注ぎ、暑中の凌ぎにしようとしたのである。

彼は、迎方与力内山彦次郎の意見も参考に、すぐさま工事に着手した。それは、井戸の南に深さ二尺七、八寸の「箱の古石」（貯水槽）を据え、底はタタキにして水を溜め、さらに石に穴を開け、箱樋で練塀の下を通し、庭園北側の池に入れるという工事であった。

驚くなかれ、この水槽が昭和六十年（一九八五）、西町奉行所跡の発掘で出てきたのである。発掘を担当した佐久間貴士によれば、貯水槽の規模は東西二間、南北一間、深さ八〇センチ、四壁は平瓦を積み重ね、内面に漆喰が塗られ、床も漆喰。床には分厚い板に嵌め込まれた銅管が直立していたという（図／西町奉行所跡の発掘）。そこからさらに木製の樋で近くの井戸につながっていたと、佐久間は判断している。久須美の工事は天保十四年（一八四三）、発掘は一九八五〜八六年であるから、百四十余年の歳月を超えて、貯水槽が顔を出したのである。

西町奉行所跡の発掘　貯水槽につながる樋
（大阪府教育委員会提供）

ほかにも東の土蔵の下に伏せてあった大甕（おおがめ）、長屋の基礎となる石垣、主屋と長屋の間の土塀跡（久須美は練塀と書いている）、さらに興味深いことに、長屋の前の土塀の際（きわ）から大量のシジミの貝殻が出土した（佐久間「発掘調査から見た大坂西町奉行所」『大坂西町奉行新見正路日記』）。

裏門の右手には、稲荷社がある。新見の娘お長が、「髪置き内祝ひ」に参った稲荷社である。ところが絵図には、もう一ヵ所、泉水の南東に稲荷社が鳥居とともにみえる。『手日記』には稲荷三社とあり、さらにもうひとつ稲荷社があったようだが、それは確認できない。

町奉行所内の稲荷社は、じつは、近世大坂の年中行事を考えるとき重要なスポットである。なぜ

新見正路肖像（新見正裕氏提供）

なら城代以下、幕府役人の役宅の稲荷社（城代など上・中・下の屋敷がある場合は城外の中か下屋敷に限定）が、この日ばかりは、町人に公開されたからである。はたして天保二年二月十一日に新見は、初午参詣にさいし、東町奉行所と同様に、参詣人に茶を振る舞うとして、「馬見所（うまみどころ）脇え腰掛を出す」ように指図している。久須美の『浪華日記』にも初午の記事があるが、彼は裏門そばの稲荷社を裏門内稲荷、庭園のなかを山稲荷と呼びわけ、市中に参拝させるのは、裏門内稲荷だと書いている。そうすると三郷の町人たちは、裏門から馬場まで長い列を作って参詣したことになる。

絵図は御門の前、公事人溜を描いて終わり、その前になにがあったかを記さないが、そこには東横堀川が流れ、「門前河岸」があった。新見が市中川浚えを巡見するときも、ここから「御役所付船」に乗って出向いている。また参府の命を受けて江戸に帰る日（天保二年八月二十二日）も、御門を出た新見は、ここから乗船、舟唄とともに出船している。

第五章　大坂城の内と外

本章では「武士の町」大坂の中枢、大坂城という空間に迫る。

城といえば武士の登城、すなわち行列である。行列の代表はいわずと知れた大名行列であるが、江戸時代の大坂でも大名行列がみられた、と書くと読者の皆さんはどう思われるだろうか。そんなの当たり前だと反発されるか、それともそれホンマ？　と驚かれるだろうか。武士が供連(ともで)なしに、ひとりで歩くことはない。とくに大名ともなれば、数百人の従者がつく。大坂城には城代や定番・加番の大名が交代で就任するのであるから、大坂城への出入りは、行列を組んでの行進となろう。

『浪花百景』の謎

幕末から明治初期の大坂を描いた錦絵としてつとに有名なものに初代長谷川貞信(はせがわさだのぶ)『浪花(なにわ)百景』がある。実際は六〇点で終わり、百景にいたらなかったが、その見事な構図と描写は、〈江戸〉の大坂と〈文明開化〉に入った大阪が描かれ、見るものを飽きさせない。先年、大阪城天守閣が特別展としてそれを扱ったが、斬新(ざんしん)だったのは、『浪花百景』と並べて同じアングルで現在の風景を写真で示したことである（『特別展　浮世絵師初代長谷川貞信が描いた幕末・明治の大阪』二〇〇三）。

『浪花百景』「あみ嶋風景」（左）と「天満ばし風景」
（大阪市立中央図書館蔵）

いまひとつ歌川国員・芳瀧・芳雪合作による『浪花百景』があり、大阪城天守閣では一九九五年に展覧会を開催している。のちに、その図録を眺めていて気になったことがある。武士がどれくらい描かれているか。図録を繰ってみて驚いたことに、ほとんど武士が登場しない。登場しても単身か、供をひとり連れているだけである。例外は、大川に架かる玉江橋を渡る浪華隊（維新後、町奉行所与力・同心が改編されたもので、大阪府警の前身にあたる組織）で、それ以外には、数十人はもちろん、五人前後の供連の武士すら登場しないのである。

　国員らの『浪花百景』のなかで侍を描いたものとして一番代表的なのが、図版で掲げた「天満ばし風景」と「あみ嶋風景」である（図／『浪花百景』）。大阪城天守閣研究副主幹の宮本裕次によると、この二図は、並べると一続きになる。右からは、羽織袴姿の武士がひとり天満橋を北に向かう。対して左から、笠を被った侍が連れの侍とともに南に向かう。両者は橋の上ですれ違う。背景には大川と大川堤越に大坂城がみえている。右から天満に向かう、口を真一文字に結んだ侍は町方の与力か同心であろう、というのが宮本の絵解きだが、どうして国員らはそんな単独行動の侍しか描かなかったのか？

したがって『浪花百景』を見ていると、大坂は「武士のいない町」という錯覚に陥るのは間違いない。大坂城を「大坂金城」として描きながらも、武士がほとんどその場にいない。わたしには不思議でたまらないのだが、これまでだれも不思議に思わなかったのだろうか。

それ以来、この謎、なぜ大坂では武士が集団で描かれていないのかという謎を解くことが、わたしのもうひとつの課題となった。その答えは、章末で詳論するが、とりあえずは、大坂にも武士の行列を描いた絵があるということを紹介したいと思う。

大名行列図

大坂を大名が隊列を組んで行進する絵図は現在、三点確認できる。

一点は上野国七日市藩主前田利和が、文政五年（一八二二）八月から一年、大坂城加番を勤めたさいに、一行が大坂城に入城するさまを描いている（図／七日市藩主大坂登城行列図）。巻子本で、長さが二三メートル近くある。天保三年（一八三二）の冬、藩主自身が記した巻頭言によれば、「加番の役目を終えるにあたって、絵師に命じて書かせた。後年、子

孫がこの任に就いたとき、その重任を感じるように」とある。冒頭、濠に囲まれた大坂城を鳥瞰図に描き、玉造口から入城しようとする行列がみえる。「是より御城入行列」として、先払いの足軽小頭以下が続く。それぞれに役職名が書かれており、その数は藩主から駕籠舁き人足まで入れると約三六〇人になる。藩主の駕籠の前では、纏持ちが纏を投げる奴振りも描かれ、まさに大名行列である。

巻頭言には「庚辰（文政三）」とあるが、同年の御役録には見えず、文政六年年頭版の御役録に「雁木坂前田大和守」とあるので、前年八月大坂城入りの行列であることは間違いない。絵図には、前田家の梅鉢紋、鑓印なども描かれ色鮮やかであるが、御役録には、それらの記載はない。したがって、もしこの行列を目にしても、どこの殿様の行列かを判定するのは難しい。言い換えれば御役録は、大名行列見物の手引きにならないということである。

二点目は、信濃国上田藩主松平忠優が、大坂城代を勤めたさいの行列を描いたものである（図／松平忠優大坂入城行列図）。ラフなスケッチだが、巻子三巻で約二五メートルにな

七日市藩主大坂登城行列図（部分）（群馬県立歴史博物館蔵）

る。ただし先頭が関札長持（せきふだながもち）（関所通行手形を収めた長持）とあるので、大坂城入城というよりは、大坂にいたる道中の行列図というほうが正確である。これにも主だった人物には役職名が書かれ、無記の者も含めると、その数約四三〇人。制作年代は弘化二年（一八四五）であるが、同年八朔版御役録に城代としてその名を載せるので、この行列が大坂城に向かったのはたしかである。城代であるから、大坂城には追手門から入る。

この二図は、大阪大学総合学術博物館と大阪歴史博物館の共同展示で紹介されたものである（『城下町大坂』二〇〇八）。

それに対し三点目の絵図からは、葵の紋所が目に飛び込んでくる。御三家のひとつ、紀伊（きい）徳川家が江戸を出て、大坂から天下茶屋（てんがぢゃや）・住吉・堺をへて和歌山に帰国する道筋の行列を描いたものだからである。この『紀州藩参勤交代行列図巻』の制作年代は不明だが、上下二巻とも全長八メートルに及ぶ。先頭が大和川に架かる大和橋を渡り、まさに堺に入ろうとしているが、藩主一行はまだ住吉大社の境内にいる。所蔵する堺市博物館の調査では武士は一五七六人、行列の通る紀州街道の両側の民家の人びとや通行人は五〇〇人余数えられ、合計すると約二〇〇

○人の人物が描かれている。先頭から末尾までの距離が三・五キロというのも納得できる。

『摂津名所図会』には琉球使節が薩摩藩主にともなわれ、大川を北上する船行列のシーンが描かれている。また『河内名所図会』には、枚方市天の川あたりを行く大名行列が描かれ、枚方宿をへて守口宿から大坂へと向かう大名行列があったことを教える。これと同様に、大坂城に入る大名や、市中を通過する紀州藩主の参勤交代の行列があった。大坂の町民たちが、それを日常的に目にしていたのは疑いない。ただそれが視覚化された資料が少ないだけの話である。描かれた資料がないからといって、その出来事がないことを意味するわけではない。

紀州藩の行列

『紀州藩参勤交代行列図巻』に描かれるように、紀州藩主も、一年ごとに参府と帰国を繰り返したが、大坂西町奉行新見正路の『日記』に、文政十三年（一八三〇）閏三月六日には下り（帰国）、翌天保二年（一八三一）二月二十三日には上り（参

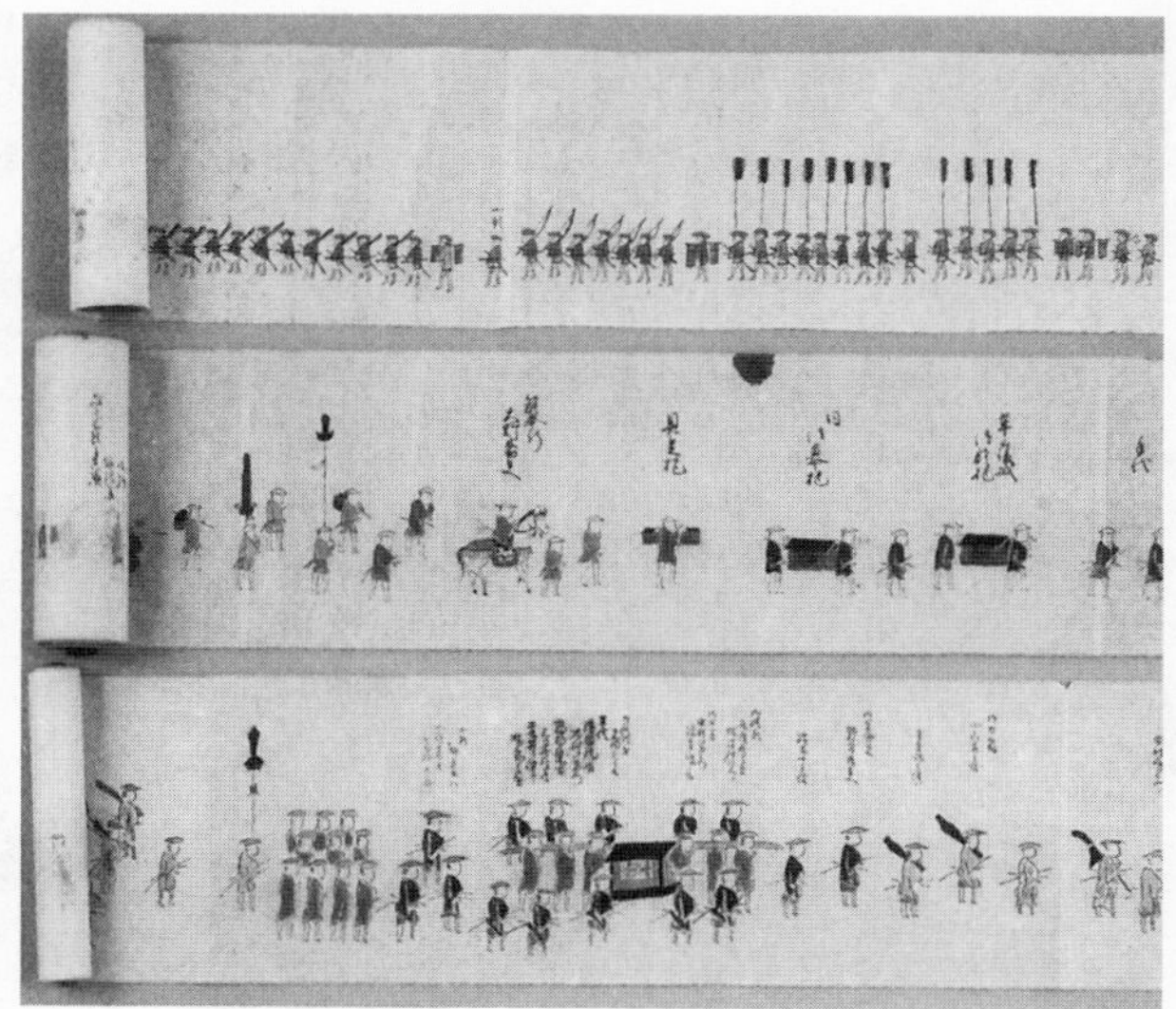

松平忠優大坂入城行列図（部分）（上田市立博物館蔵）

府）の行列があったことを記す。

閏三月六日に新見は、守口宿からの注進を受けて、高麗橋(こうらいばし)の長崎屋与兵衛方へ立ち寄り、待機する。紀州藩主の一行は京街道を南下して大坂に入り、いったん天満（正確には天神橋南詰）の蔵屋敷に入る。そこでの供揃いが済んだとの連絡を受けて高麗橋の手前に出向き、「先(さき)行列通打物(ぎょうれつとおりうちもの)の下に居り、御通行の節、御時宜(おじぎ)」する。「これまで出られ太儀(たいぎ)」と、藩主直々の挨拶があり、高麗橋を渡ったところで新見は長崎屋に戻る。

上りの二月二十三日では、住吉から注進があったところで、内平野町の平野屋惣兵衛方に向かい待機。今宮・堺筋などから注進があり、高麗橋詰で待つと、やがて天目鑓がみえて下座し、通行の節には平伏。やはり挨拶があり、駕籠が行き過ぎたところで平野屋に引き返す。迎える新見も供揃いである。「天目見請け」と書くところで、毛鑓の図を添えている。正装した武士と武士が相まみえる瞬間である。

この場には、大坂代官も馳せ着けている。大坂代官竹垣直道の『日記』は天保十二年閏正月九日の条に、参府の道筋を、堺→堺筋→高麗橋筋→高麗橋東詰→浜通り→天満蔵屋敷→浜通り→京橋と書く。新見は高麗橋で目通りしたが、公務出張中の竹垣は、天下茶屋と野江村に使者を派遣している（『大坂代官竹垣直道日記』一、二〇〇七）。

こうして総勢二〇〇〇人の行列が、毎春、堺筋から高麗橋をへて大川通りを上下するのである。いやが応にもその行列は、町人たちの目に入ったことだろう。

加番・大番の行列

紀州藩の行列が春恒例の行事だとすれば、初秋八月には、加番・大番頭の大坂城入りがあった。御役録にも加番と大番頭の欄に、「毎年八月交代」と明記され、大坂の年中行事として広く知られたものである。

これも『新見日記』で確認すると文政十三年八月二日、加番の交代のために染め帷子・麻裃を着用して、五ツ時（午後八時ごろ）に出宅する。五ツ半時には役宅に戻っているので、交代の儀式は一時間もかかっていない。「手続折本の通り」とあるので、マニュアルどおりに進められたこともわかる。「仮城入」とあるように、加番の実際の交代はそれ以降で、三日には山里曲輪（京橋口より入城）、四日には青屋口（追手口より）、五日には中小屋（玉造口より）、六日には雁木坂（玉造口より）で、それぞれ交代が済む。町奉行はその都度、武器改同心を派遣する。加番の交代を武器管理の面からサポートするのも、町奉行の役目であった。

『新見日記』には中小屋・雁木坂は「玉造口より」とあるが、これは『金城聞見録』（金城は大坂城の別名）の記すマニュアルと一致している。したがって雁木坂担当の前田大和守が、玉造口から入城せんとしている前述の行列図は、正確である。

加番の後は、大番頭の番である。文政十三年の場合、八月五日に東小屋の菅沼織部正が（玉造口より）、十三日には西小屋の水野伯耆守が（追手口より）それぞれ城入りする。九月に入ると六日に上り目付と下り目付の交代がおこなわれ、八月から九月初めには、加番四人、大番頭二人、目付二人、合わせて八人が交代する。しかも、毎年のことである。彼らの行列もまた、見る機会があった。

順調にゆけばこうだが、大坂への道程に支障が生じると問題となる。それは加番、ついで大番頭という慣例が狂うからである。はたして天保二年（一八三一）八月、加番のうち青屋口米津伊勢守が川支え（豪雨などで、河川の渡渉に日数を要した）で延着、中小屋の加藤能登守も病気で遅れたが、大番頭の松平但馬守は、定式のとおりに到着するという事態が生じたのである。これまで加番衆より大番頭の交代が先におこなわれた例がないかどうか、新見は東町奉行高井実徳らと協議。五日、先例を見つけ、「加番衆にかかわらず交代」と決まる。七日、その決定は江戸の老中にも伝えられ、十五日には交代が済んだと新見は書く。

先例が重視されたのは、「大番頭を長く市中に待たせるのは問題だ」という判断からであった。つまり、加番も大番頭も、城入りする以前、市中に軍隊を駐留させており、「永々市中に差し置いては、不取締りのことが起きるやも計りがたい」と懸念されたのである。

旅宿

ならば市中のどこに大勢の武士が、滞在できるというのか。これに関する史料も、大名家には残されている。たとえば承応三年（一六五四）に大坂城代となった磐城平藩内藤忠興の場合には、「御上道中行列」と並んで「大坂御着座町宿割」が残る（『城下町大坂』）。それによれば東は谷町筋から西は東横堀、北は大川から南は平野町までのブロックが充てられている。その範囲は、通りでいえば石町・島町・釣鐘町・革屋町の四つ、筋では善安・高蔵・御祓・内骨屋町・松屋町の五つを含む広いものである。本陣は釣鐘屋敷の傍らの豪商平野屋方に置かれ、旅宿と称されたが、その周囲の町屋には家臣の名前が細かく割り当てられ、下宿と称された。内藤の知行高七万石からみて随行する武士の数は、一〇〇〇人を下らないと思われる。それだけの武士が、短期とはいえ大坂市中に滞在したのである。

加番・大番頭・大番衆の場合、その「旅宿」と「下宿」は「上町辺より船場にかけ」て設定される慣わしであった。そのうち小身の旗本で構成される大番衆（東西で大番士各五〇騎）の宿は、北組四七町の「傍示町」のなかから決められた。必要な軒数は、一〇〇軒である。そのなかに御宿割支配町があり、宿割りを手配した。しかも交代に支障が生じないように、「傍示町」はなるべく城に近く、東西五〇騎が離れすぎないようにしなければならなかった。城代や加番・大番頭・大番衆のどれをとっても、大坂市中三郷のなかに、それだけの軍勢を一時的に収容する仕組みができていないと成り立たない。

言い換えると他国の武士と大坂の町人が、狭い空間でともに暮らす機会があったということである。しかもれっきとした武士だけでなく、足軽はもちろん「どこの馬の骨かわからない」中間奉公人もいる。その滞在が長引けば、いかに規則で縛っているとはいえ、ひと悶着が起こらないとも限らない。事実、新見のもとにも、城入り後、大番頭菅沼織部正の中間が行方不明になったと届けられている。

前述のように紀州藩は天神橋南詰に蔵屋敷をもっていたので、そこが参勤途上の休足所になった。西国諸大名の場合も、中之島周辺の蔵屋敷が、その役割を担った。朝鮮通信使には木津川の近く対馬藩宗家の蔵屋敷、琉球使節には立売堀川端の薩摩藩蔵屋敷がそれぞれ、滞在場所を提供した。また長崎奉行は、北浜の銅座を定宿とした。

このように大坂は、西国から江戸へ向かう場合の中継拠点であったから、その使節や大名行列には、市内に専用の休足所もしくは宿泊所がなければならない。このことは従来からも注目され、そこを拠点とする大坂町人と諸藩の関係が論じられてきた。同様に城代以下、大坂城を管轄する武士たちにも、その空間とそれを確保する関係が必要だったのである。「町人の都」でいう大坂町人は、蔵屋敷出入の町人に偏在していたのではないだろうか。

大坂諸絵図

『新見日記』を丹念に読んでいると、気になることがたくさんある。「大坂城の内と外」という本章にかかわっていうと、二つある。ひとつは、新見が城内に入った折の座席図を、筆でスケッチしていることである。上下関係の厳しい武士の間で形成されている慣例を、みずから確認するかのように書いている。

たとえば文政十三年正月元日に城入りしたとき、ついで正月六日、東西与力二人をともなって褒賞をもらいに城入りしたときに、みずから描いた座席図（図／『新見日記』に記された座席図）を添えている。元日は年始の儀礼であるが、定番・大番頭・加番・目付らに挨拶をしたうえで、城代から本丸参上との指示があり、本丸御殿に入る。玄関を上がり、遠侍(とおざむらい)之間(のま)から御上殿に入り、それぞれ着座。大御番破損奉行が三方(さんぼう)に熨斗昆布を載せて城代へ出し、役順に銘々頂戴(ちょうだい)する。その後、ただちに退座し、一の御番所に上がり、図のとおり着座、城代から「江戸表ますますご機嫌よく超歳(ちょうさい)された。みなも堅固に超歳のこと珍重」との挨拶を受ける。

つけられた図によると城代を中央に、左手に定番・町奉行・目付、右手に加番を挟んで両大番頭、そして下手には組頭・大番衆が居並ぶ。

同年正月六日の城入りでは、城代屋敷の大広間に入ったうえで、褒美をもらう与力勝部益

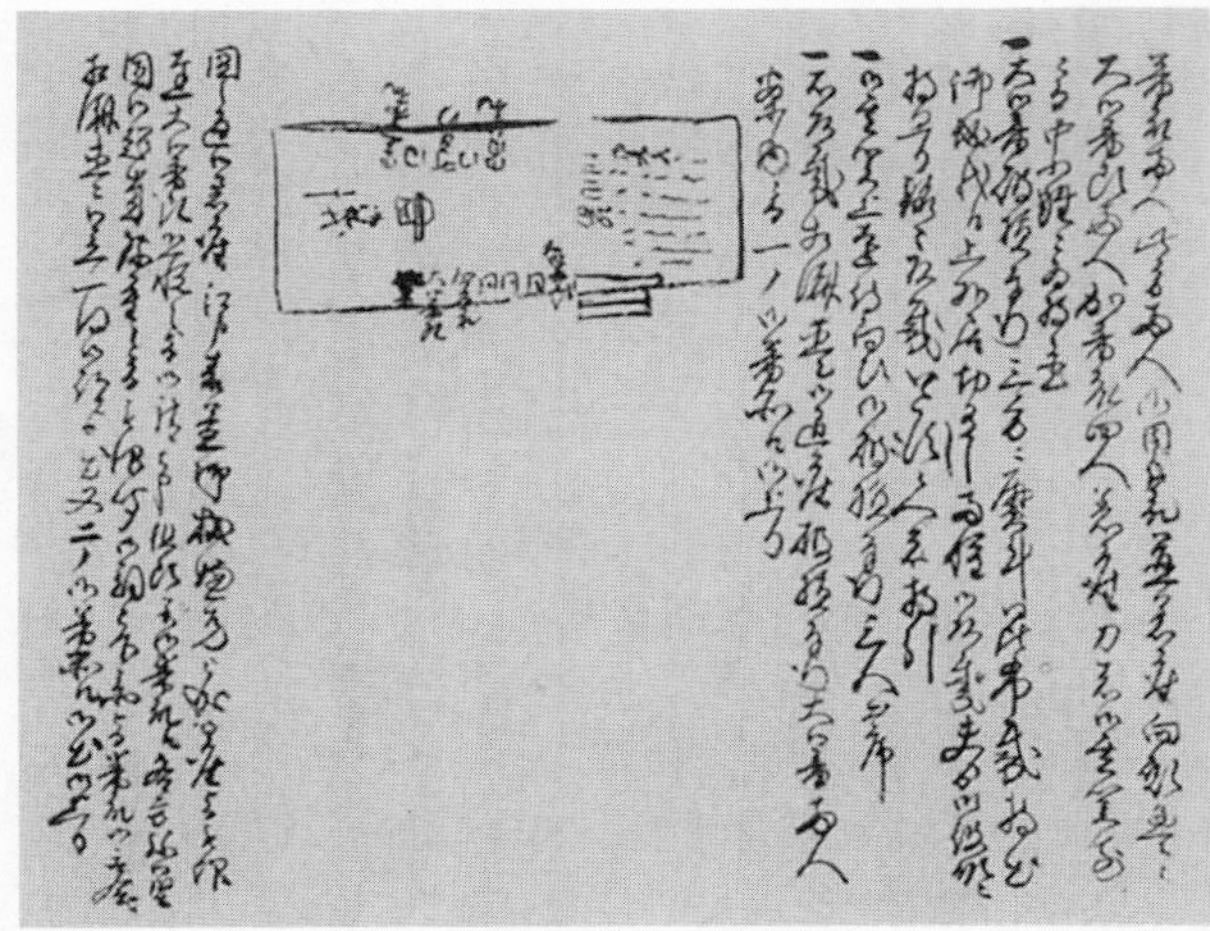

『新見日記』に記された座席図（文政13年正月正日）（東北大学附属図書館蔵）

次郎らを習礼させるとして、図が添えられる。図には、公用人に付き添われた与力ふたりが、大広間次の間の三畳目に進む様子が矢印と線で描かれ、同じように、付き添う両奉行にも、一畳目への移動が線で記される。対する大広間の中央には城代、右手に両定番と目付の位置が注記される。与力の前には脚のついた台が描かれ、そこに褒美書と銀五枚が載せられ頂戴するのである。

大坂代官竹垣の日記にも一点、席図がある。大坂湾の眺望など気に入った風景や珍しい文物を臨写するのが好きな竹垣だが、天保十二年（一八四一）閏正月二十七日に、城代上屋敷の月並出礼出之間でおこなわれた「御朱印渡」の席図を描いてい

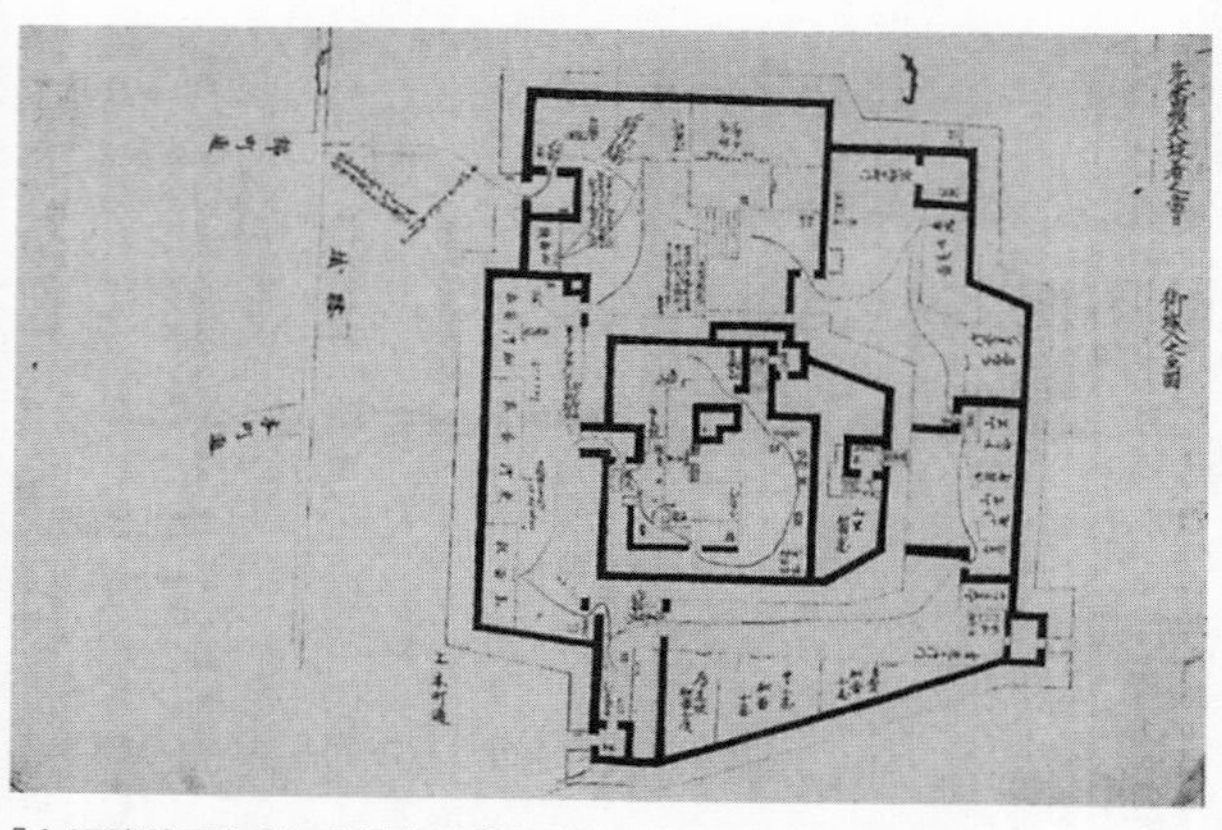

『大坂諸絵図』「先番頭大坂着之当日　御城入之画図」（大阪府立中之島図書館蔵。『城下町大坂』より）

る。支配地播磨国瑠璃寺に与えられる朱印地を城代からもらうのだが、上座に城代と定番、下座に自分の席と左右に並ぶ城代の家来を△で示す。

考えてみれば、町奉行や代官に任命され、最初に城入りして後、城代らに目通りするときは、だれしも戸惑う。どこから入り、どこで着座すればいいのかと。その共通の悩みを解消するように、城内の儀礼については、さまざまな定席図があった。各種の手続きに「例書」があるように、「例図」があったと推測されるのである。

はたせるかな、それが『大坂諸絵図』『大坂城図面』として残されている（図／『大坂諸絵図』）。『大坂諸絵図』は全部で五三葉あり、冒頭は先手大番頭（東小屋）が追手口から仮城入りするさまを動線で描き、その後も、東西大番頭の城入りや番頭の交代など大坂城内での儀礼に関する情報が集中している（『城下町大坂』）。袋入りで、表には「内藤豊後守留」とあり、所蔵者を示唆する。この内藤豊後については、文化十一年（一八一四）八月から十二年七月まで大坂加番を勤めた信濃岩村田藩内藤正縄が相当すると思われる。御役録には、青屋口加番、内藤式部少輔とある。父正国も寛政九〜十年（一七九七〜九八）の間、加番を勤めているので、いわば常連である。そこでは加番としての必要情報が集積され、『大坂諸絵図』はそのひとつであったと考えていいだろう。

鑑札

『新見日記』を読んで気になるもうひとつの要因は、鑑札である。与力の勝部益次郎が城代から褒美をもらうために城入りするときには鑑札を渡す、相役高井実徳が参府する前には鑑札を引き替え、そして大番頭の交代が済んだ後にも「規定の書物」とともに鑑札一枚を使者に渡す、と『日記』にみえる。これはいったいなにか？

その言葉から想像できるように、鑑札は大坂城への出入りに関する一種のパスポートである。したがって新見も何枚か持っていたと思われるが、『日記』にそれに関する情報はない。しかし、城代であれ、加番であれ、大番頭であれ、城内に役所（役宅）をもつ人間にとって、鑑札は死活にかかわる。それがなければ出られないし、入れない。なぜなら大坂城は、公儀が管轄する最重要軍事拠点であったからである。

鑑札に関する情報は幸い、城代などを歴任した各地の旧大名家に残されていた。大阪城天守閣が一九九七年から公刊している「徳川時代大坂城関係史料集」の編纂は、大坂城内の諸職を歴任した旧大名家の史料を博捜し、役職ごとに編集したもので、徳川時代の大坂城の内外が手にとるようにわかる。

たとえば丹後峰山藩京極家の『大坂加番記録』（明和七年（一七七〇））によれば、山里・中小屋・雁木坂・青屋口の四加番は、それぞれ市中に旅宿・米中次・札場と呼ばれる町人を配置していた。旅宿は、先に触れた入城前の一時的な宿泊所で、京極家では和泉町の鴻池屋又右衛門が任じられた。一方、米中次は、加番に支給される役料・扶持米・合力米の処分にかかわる。加番には年に二回、米・大豆・金が支給され、現物である米・大豆のうち自家消費分を除いた部分が入札にかけられたが、その入札にかかわるのが米中次である。京極家の場合、糸屋町の紀伊国屋庄右衛門である。そして最後の札場町人追手筋錦町の天満屋弥左衛門こそ、京極家の使用する鑑札を預かる町人である（岩城卓二『近世畿内・近国支配の構造』二〇〇六）。

加番の家臣は、大坂城内から出るとき、追手門などで出入札を渡され、再び入城するとき、それを見せることで門の通行が許された。この出入札が、鑑札である。その管理のために追手門付近に札場町人を置き、管理させた。したがって札場は追手門付近に集中し、それぞれの加番大名の名前が掲示された。

以前わたしは、あるコレクターから鑑札を見せていただいたが、残されている鑑札の実物としては唯一かもしれない。将棋駒を大きくしたような木札に「内藤紀伊」との焼き印があった。御役録によれば持ち主は越後村上藩主内藤信親で、嘉永元年（一八四八）から三年まで大坂城代を勤めていた。

大坂城に入る

松岡利郎『大坂城の歴史と構造』に収められた「江戸時代大坂城縄張・建築配置図」によると、城代・定番・加番・大番頭と大番衆の配置は、見事なくらいに棲み分けられ、それぞれの持ち場は門と塀で仕切られ、それこそアリの入る隙間もない。どこからどこに移動しようにも、チェックなしには不可能である。

そこで、その実際を少し見ることにしよう。天保十三年（一八四二）六月二十九日朝、大坂代官竹垣直道は仲間を誘い、城内の破損小屋に入る。入り口がどこかは不明だが、追手・玉造・京橋の各門を入ってすぐに破損小屋があったので、すでにこの段階で鑑札を見せている。そこで大御番破損方と破損奉行に会い、彼らの案内で桜門から本丸御殿に入る。玄関から座敷向までのこらず見物。玄関から出ると、御殿の外回りを見てから天主台に上る。黄金水の井戸で水を飲み、大御番衆張番所で休足。午後三時ごろに、桜門から出ている。ときおり、雷鳴大雨という悪天候を押しての見物に、竹垣たちはほぼ六時間を要している。

本丸と一言でいうが、総建坪数一五九六坪、一二九〇三畳という壮大さ。玄関から遠侍之間、さらに鷲之間をへて大広間、そこから東北方面に白書院・黒書院・銅御殿が連なり、北には使者之間、西北に御対面所、ほかにも老中之間・右筆部屋・坊主部屋・台所・御文庫

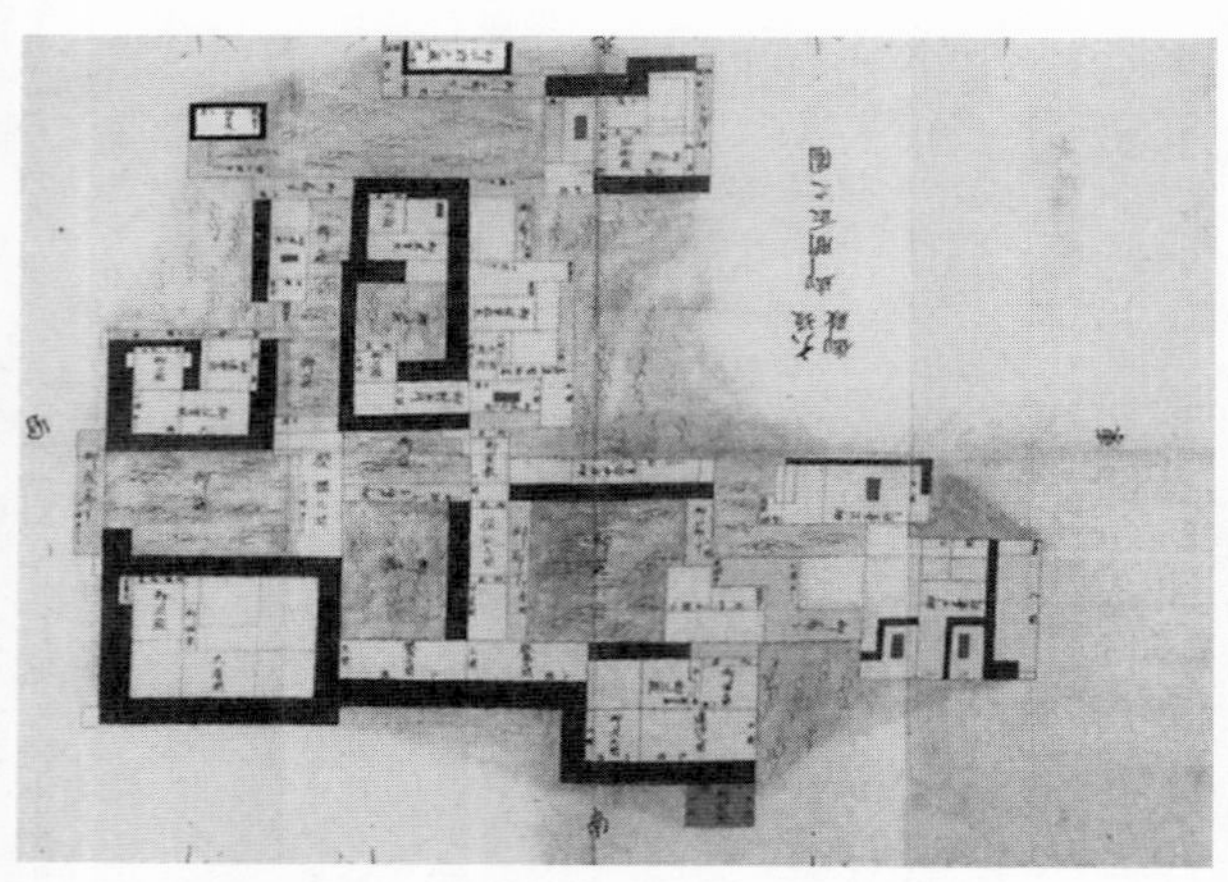

「本丸御殿図」（大阪城天守閣蔵）

など、多くの建物があった（図／「本丸御殿図」）。

翌年の十四年八月三日、西町奉行久須美祐明が東小屋を預かる大番頭高井但馬守の案内で入城し、東大番頭小屋の庭から二重櫓に上る。二の丸の東から西にかけては、一番から七番までの櫓があったが、久須美が上ったのはおそらく一番櫓（現存）か二番櫓（戦災で焼失）であろう。「遠望よき景色にて太閤の時代を思ひ出し」とは久須美の感想である。

その後、彼らも破損奉行の案内で桜門より本丸に入り、御殿を見物する。殿内を一回りしたところで玄関に近い御番頭泊所で休足する。「ここは宝暦年間（一七五一～六四）までは毎晩、大番頭が泊まっていたが、その後、止めになった。ここでは奇怪なことが起きるのだ」という話を聞いた久須美は、「狐様の仕業でとるにたらず」と気炎を上げている。大坂城本丸内に怪事が起こるという話は、文政七年（一八二四）ごろの作とされる『摂営秘録』に、「番頭泊所に禿雪隠といふあり。（略）明け難き処といふ」「上台所之二階へ上れば、怪事有、又は乱心すと申伝ふ」とみえている。『摂営秘録』は「本丸御殿図」などと並んで、大坂城内に勤務し、日にちを決めて見学を許された武士たちのガイドブックの役割をはたしたものとされているが、本丸御殿内部は、怪事ばかりか、銅御殿や黒書院の襖・杉戸は狩野探幽の筆、遠侍之間などは狩野山楽筆というように名画・名品に満ちていた。また御殿外には天主台、秀頼公生害松、金水・銀水、朝鮮椿などがあり、内外の見学にあわせて六時間も要するはずである。

このように町奉行久須美や代官竹垣といえども、破損奉行をはじめ、城内役職者を頼まなければ、城内に入ることは難しい。そんな高い障害に、幕末、久留米藩蔵屋敷詰の若い侍吉村辰之丞がチャレンジした。嘉永四年（一八五一）、ほぼ一年間の在坂日誌を残した吉村は、時間を見つけては、昼となく夜となく、大坂見物に出かける。日誌は、ほとんどその遊行記録であり、本来の業務はほとんど出てこない（『久留米藩吉村辰之丞大阪勤番中公私日記』二〇〇四）。公私を分け、『手留』を優先した町奉行新見はもちろん、公私を一緒に記した『竹垣日記』とくらべても、蔵屋敷勤めの気楽さがうかがえる。その全体は第七章で取り上げるとして、ここでは七月に二度挑戦した大坂城見物について触れる。

多門市

一度目は七月五日。吉村は同僚と玉造口から入り、東西の大番頭と大番衆の小屋が立ち並ぶ二の丸を見物、「多門での具足干（ぐそくぼし）」を見て、追手門から出る。もちろんなにがしかの伝手（つて）を頼んだと思われるが、功を奏せず、本丸には入れなかった。そこで再度、十九日早朝、本丸見物にチャレンジすべく、中之島常安町（じょうあんまち）の蔵屋敷から金城を目指す。注目すべきは今回、平野町の商人和泉屋新右衛門を仲介に立てたことである。

久留米藩蔵屋敷は、豪商鴻池・平野屋・米屋らとの取引関係から、大坂の蔵屋敷研究のモデルとなったことで知られている。大坂を代表するこれら町人たちを蔵元・掛屋に任命することで太いパイプを築いていた久留米藩のこと、強力な伝手を頼めば城に入ることなどたやすいことだろう。仲介を頼んだ和泉屋も、そのネットワークのなかから浮上した町人に間違いない。かくて吉村は、念願の本丸御殿を見ることに成功する。

嘉永四年といえば、天保十四年に大坂町人から出させた御用金一一〇万両余をもとに、大坂城は大修復され、嘉永元年五月には竣工していた。したがって吉村は、「天主がない他は、すべて修復されて再築当初の旧観をとりもどし」た大坂城を見るという栄誉に浴したのである。

ところで初回に吉村が見た「多門での具足干」だが、これは追手門を入ったところの大手門枡形（ますがた）をL字形に囲む多聞櫓（たもんやぐら）にかかわる。北川央によると、現存する多聞櫓の南側に当時はもうひとつ櫓があり、そのなかで決まった日に市が開かれ、「市多聞」の名前で呼ばれたという（『大阪城ふしぎ発見ウォーク』二〇〇四）。そこには小道具売商人が無札で入り、城内勤務の武士たちの用を足した。とくに入城して以降、勤務のために城外へ出ることが認められなかった大番衆が、帰国を前にした五月十八日、各種の買い物をした。

安永版『難波丸綱目』にも、「御多門市立商人」として市頭松尾町河内屋彦兵衛ほか九人の氏名が記されている。業種は鏡屋・鮫屋・書物屋・瀬戸物屋・小間物屋・小刀打物屋・椀家具・武具馬具・鞘師と茶道具・扇屋である。日常的な生活物資としては業種に偏りがあるので、おもに大坂土産として購入されたのではないかと思われる。大坂町人たちは、上町・天満あたりに居住する町奉行や代官、中之島の蔵屋敷に居住する留守居たちの需要に応えるばかりか、大坂城内に勤務する武士たちにもかかわることで、その生業を維持したのである。「町人あってこその武士」、あるいは「武士あってこその町人」と言い換えることができる。

政事と文事

武士と町人の間柄を語るうえで、伊勢長島藩主増山雪斎（一七五四〜一八一九）と木村蒹葭堂（一七三六〜一八〇二）の交流ほど魅力的なテーマはない。そこにあるのは、経済的な取引や金融という関係ではない。純然たる「文事」に関する交流である。すでに多くの研究が積み上げられているが、わたしの関心は、親子ほど歳の離れたふたりが「同床同机」、つねに床を同じくして臥し、机を同じくして語る、と蒹葭堂の墓碑（大阪市天王寺区大応寺）

に増山公自身が記すほどの親密な関係が、どうして築かれたのかというところにある。

結論からいえば、伊勢長島藩主とはいえ江戸で生まれ、江戸で育った雪斎と、大坂堀江の酒造家で博物学者の蒹葭堂を結ぶラインは、雪斎が大坂加番として大坂に来ることで保証されていた。

増山雪斎の加番は、安永七年（一七七八）、天明元年（一七八一）、同三年、寛政元年（一七八九）と四回に及ぶが、その折々に、『蒹葭堂日記』に登場する（『木村蒹葭堂全集』別巻、二〇〇九）。たとえば天明三年八月一日には、藩儒十時半蔵（梅厓）が増山公の使として登場する。城入りをする以前、市中の旅宿からの使者である。その後二十六日に蒹葭堂は、十時とともに「増山河内守邸へ行、中食、暮帰ル」。その後も、十月十六日、十一月二十一日、十二月十二日、翌天明四年閏正月十一日、十三日、五月一日、六月二日、同十七日、七月十七日と訪問記事がみえる。しかもそのほとんどが、「早朝より御城内増山河内守殿邸ニ行、夜ニ入帰ル」という一日がかりの訪問である。

こうして両者の交流が『蒹葭堂日記』に記されるのであるが、寛政元年の加番勤務の折には、七月二十九日、大坂八軒家に着いた雪斎を迎えに蒹葭堂みずから出向く。さらに翌八月一日には本陣に出向き、五日に城入りとなる。

蒹葭堂の増山邸訪問には、もちろん鑑札が使われた。天明三年八月二十七日条には「増山侯御札場」がみえる。年始の挨拶先にも札場がみえる。同四年三月二十二日の「早朝より直ニ札場へ行、増山河内守邸へ行晩帰」が示すように、札場で鑑札をもらい入城している。

天明三年当時、増山は青屋口加番であったが、玉造口から入ると、定番屋敷・雁木坂加番・中小屋加番に続き、もっとも奥の青屋口門の近くに加番小屋の一画がある。絵図によれば、規模は敷地一二〇〇坪、建坪五八九坪、うち本家が一五一坪で、周囲には家中の小屋が立ち並び、小さいながら大名屋敷の景観である。城内に入った蒹葭堂は、玉造門で一回、雁木坂門で一回、そして青屋口門で一回、のべ三回鑑札を見せて増山雪斎のいる本家に入っているはずである。玄関・広間を通ると次の間と書院がある。そこで日がな一日、ふたりはともに関心のあった本草学について語り合ったであろう。

『蒹葭堂日記』の天明四年六月十七日条には、増山邸で内田和泉守・酒井越前守・板倉内膳らと出会ったとの記事がみえるが、この四者は、いずれも加番であった。加番が相互に招き招かれる席に、蒹葭堂が同席しているのである。このとき、どんな話題が繰り広げられていたか。大坂ばかりか日本を代表する博物学者蒹葭堂のことである、貴重なコレクションを惜しげもなく披露したのではないか？　少し遡るが明和六年（一七六九）五月、懐徳堂堂主中井竹山が大番頭堀田正邦と大坂城の北、網島に遊んだとき、蒹葭堂は漢帖・南蛮画ほかの宝玩を抱えてやってきたという（『懐徳堂』一九九四）。

こうして加番・大番というチャンスは、「政事」であると同時に、「文事」を保証するものとなった。嘉永四〜五年（一八五一〜五二）に加番を勤めた但馬豊岡藩京極家では在坂中、大坂淡路町に泊園書院を開いていた藤沢東畡を城内に呼び寄せ、藩主・藩士ともども講義を聞いている。この経緯を記した一三点の文書が「尊道巻」として残されている（兵庫県立歴史博物館蔵)。その招聘にもかかわった家老の猪子清は、直後、藩主の許しを得て、入塾している。当時二十歳の猪子であるが、七年後には、同藩の学校奉行兼藩校総取締となっている。

『浪花の噂話』

「政事」を「文事」に変換した興味深い例を、もうひとつ紹介する。それは中村幸彦・長友千代治編『浪花の噂話』(二〇〇三)である。同書には、平亭銀鶏の作品「街廼噂二編」と「難波金城在番中銀鶏雑記」が収められている。「街廼噂二編」は、『浪速叢書』一四に収められた「浪花雑誌街廼噂初編」の続編であるが、「街廼噂初編」の凡例には、

おのれ此度はじめて、浪花へ遊歴せしが、松廼尾の主人とはゆえありてたびたび文通せしことあれば、其因みによりて今此家に旅宿し、しばしそこここと見物するうち、不斗心にうかみしことのいで来しかば、拙き筆をとりあげて……

と、執筆の動機を語っている。内容は「江戸の雅客鶴人と大坂の万松・千長の寄合話」として構成されたもので、銀鶏自身「浪花の風土の東都に異なること」「彼地にはこれを何と唱へ、此地にては是を何といふ」と書く。面白いことに、各種の題材が図画として添えられ、文を補完している。

戯作である「街迺噂二編」はしばらく措くとして、わたしは「難波金城在番中銀鶏雑記」と題する五冊ものに惹かれる。前表紙には、「天保五年歳在甲午　八月四日ヨリ乙未之八月四日迄一ケ年」と墨書されているが、勘の鋭い読者は、アッこれは！　と感づかれるであろう。そのとおり、すでに述べてきたように、「金城在番」で「八月四日」とあれば、青屋口加番の城入りの日である。はたして天保六年（一八三五）正月版御役録をみれば、山里板倉伊予守・中小屋大関伊予守・雁木坂稲葉兵部少輔と並んで青屋口前田大和守が登場する。平亭銀鶏の略伝によれば、父親の跡を受け、上州甘楽郡七日市の前田侯に藩医として仕えている。銀鶏は、その前田侯が加番として大坂にある間、藩医として大坂に滞在したのである。藩医でありながら、狂歌を石川雅望、和歌を松の屋小山田与清に師事し、書は荒木派を修め、山東京伝と書論を交わしたという人物。主人の「政事」を、自分の趣味である「文事」に変換してしまっている。

その変換ぶりは、銀鶏の付き合う人名に象徴的に示される。「銀鶏雑記」三には、巻頭に櫓と石垣に囲まれた大坂城の遠望を描き、それに続けて狂歌師鶴迺屋乎佐麿はじめ三十余人の人物紹介が来る。トップの鶴迺屋とは、「常盤町一丁目谷丁少シ西へ入　○狂歌師鶴迺屋乎佐麿、大坂三年寄の内、野里四郎左衛門隠居」である。江戸生まれで故あって大坂に来て住むこと二十年、大田南畝社中として浪花にも知人が多く、風流家として有名、当年八十一歳、本来戯場を好み、市川白猿（五世団十郎）らと交わると紹介する。この人物、じつは新見正路も「勝手立ち入り」として懇意にした者で、惣年寄という「政事」と狂歌師という

「文事」を兼ね備えている。

そのほかにも、戯作者暁鐘鳴(成)・煎茶家花月庵素徳・狂歌師窓酒屋梅好(十人両替のひとり米屋長兵衛)・画家上田公長・画家蔀関牛・国学松酒舎(藤井)高尚・和歌村田嘉言など、大坂文人が目白押しである。大坂の文人リスト『浪華郷友録』が一部、再現されているかのようである。

奇縁というほかないが、本章の冒頭で取り上げた行列図の主も、上野国七日市藩主前田侯であった。文政五年(一八二二)八月の大坂城加番であるから、銀鶏の時代である。もしこのときも随行していれば、長さ二三メートルの絵巻のなかにいるはずだと、野次馬根性で眺めてみると医師は和田道順と毛呂玄章で、銀鶏はいない。みずから、天保六年にはじめて行ったと書くとおりである。

上屋敷と中・下屋敷

それにしても平亭銀鶏は、どこにいたのか。初編口絵に旅宿難波新地の茶店松酒尾と、そこを訪れる風流人を描くように、藩医師である銀鶏は大坂城内ではなく、なんと難波新地に住んでいたのである。歌舞音曲の響く場所である。だから政事に気兼ねなく、三〇人を超える大坂の文人・町人たちと交流できた。そこでは鑑札は無用である。

これら文事を介した交流をみるにつけ、大坂城内諸職に就いたとしても、すべてが城内で完結していたのではないことが教えられる。加番や大番といった城内諸職にも、城外への視点が必要だということである。

城の内外がもつコントラストをうかがううえで、城代と定番は参考になる。なぜなら彼らは城内に上屋敷、城外に中もしくは下屋敷をもち、それらを使い分けていたからであるが、それは彼らが家中ばかりか、家族をもともなっていたからである。

新見の『手日記』は「今暁城代妾腹出生」、「京橋嫡子欽五郎痘瘡に付、見舞両種送る」など、城代や定番の家族の姿を明らかにする記述に溢れている。相互の付き合いは、したがって家族ぐるみの付き合いということになるが、それを保証したのは城外にあった中屋敷や下屋敷である。

『新見日記』から彼が、上屋敷以外で城代・定番と会ったと思われる記述を求めると、文政十二年（一八二九）十一月十一日の城代屋敷は、「平服にて御城入」とあるので上屋敷と判断される。それに対し、十五日の京橋定番屋敷、十二月六日の城代中屋敷、十三年閏三月一日の玉造下屋敷、四月四日の京橋鴫野下屋敷、十月二十一日の城代中屋敷、三十日の城代下屋敷、そして天保二年（一八三一）二月一日の玉造定番屋敷などには「城入」がないので城外である。最後のケースのみ年始挨拶であるが、他は「招待」、もしくは目付や長崎奉行をともなっての「対話」である。七件のうち屋敷が特定できないのが二件あるが、訪問時間帯がいずれも四ツ（午前一〇時）から九ツ（正午）もしくは七ツ（午後四時）であること、および平服との記載から、中屋敷もしくは下屋敷と判断した。

定番同士として京橋定番が、家族とともに玉造定番を訪ねた例が『大坂定番記録』にみえる。船で鴫野の下屋敷を出て、旧大和川から猫間川に入って玉造下屋敷に向かっている。大坂城を迂回して直接、中屋敷と下屋敷、あるいは下屋敷間で往来しているのである。

城外にある中屋敷・下屋敷という空間では、城内の上屋敷とはひと味もふた味も異なった生活が繰り広げられていた。

札留

『大坂定番記録』と『大坂加番記録』は大阪城天守閣のシリーズ「徳川時代大坂城関係史料集」の作品だが、それらを読んでいて、解けた謎がある。その謎とは、鑑札があるとして、それはだれにでも貸し与えられたのか、いつでも使えたのか、という疑問にかかわる。

前者の問いについては、残念ながらまだわかっていない。だが後者の問いには、答えが見つかった。というのは、いつでも使えたわけでなく、使用禁止の日があったからである。それを加番や定番の史料では、「札留」と称している。鑑札がなければ外に出られない。その意味で札留は、一種の禁足令である。

青屋口加番は六月二十二日、同二十五日、同二十八日、同三十日、七月二十一日の五日、京橋口定番は、二月二十一日、五月二十七日、六月二十一〜二十二日、同二十五日、同二十八日、同三十日、九月二十二日、同三十日の九日ある。

お気づきのように重複が多い。それもそのはず、それぞれの日を大坂の年中行事と照らし合わせると、札が留められる背景が浮かび上がる。二月二十一日は四天王寺の聖霊会（舞楽奉納がある)、五月二十七日は庚申参り、六月二十一～二十二日は座摩社の祭り、二十五日は天満天神祭り、二十八日は生玉神社、三十日は住吉社、九月二十二日は権五郎祭り、そして九月三十日は庚申参り。いずれも近世の大坂を代表する祭礼である。このときには、札を留め、家中の者が祭り見物に出るのを禁止しているのである。許せばこの日とばかりに大勢の武士が連れ立って城を出、大坂市中に溢れたであろう。治安上の大問題である。

城外の谷町と本町に住む町奉行も、天神祭りでは「他行留」をして家中の祭礼見物を禁止するが、加番・定番ほど厳しくはない。代官においてはさらに自由であったことは、のちに第七章でみるとおりである。やはり城勤めは厳しい。

解けた謎とは、これにかかわる。なぜなら、天神祭りや聖霊会を描いた絵図に、なぜ一群の武士がみえないかという謎が解けたからである。「札留」され、禁足令が出ていれば、そこに姿を現すわけにはいかない。姿を現すのは、市中に少人数で住み、低い武士身分として規制から自由であった蔵屋敷の役人や代官たち地役仲間、大坂侍の与力・同心たちに限られる。こうして「武士の町」が、大坂から消えていく。

第六章　ふたりの与力

本章では、再び大坂市中に入り、地付の武士、とくに与力に迫る。

「夢見る清二郎」

大坂の武士といえば、大塩平八郎である。最初に東京人である幸田成友がその魅力に取り付かれ、本業の『大阪市史』が完成する前に、単著として『大塩平八郎』を著した。明治四十三年（一九一〇）のことで、緒論にはじまり第一章与力、第二章学者、第三章乱魁と続く。「大阪は天下の台所である。然り台所であつて書院又は広間では無いが、台所の一小事は一家の煩となり、大阪に生じた異変は海内に波動する」という名文ではじまる。市史の仕事を中断してでも書いてみたい気持ちに、幸田は駆られたのであろう。「挙兵より自滅に至るまでの大塩平八郎を知る史料は随分多いが、幼年より挙兵に至るまでの履歴を書いたものは極めて少ない」（浦西和彦編『大阪近代文学作品事典』）といわせる労作である。

二十世紀になっていたとはいえ、乱の起きた天保八年（一八三七）から数えて七十年余、幸田の取材中の大阪には、その記憶を抱く人たちがまだ、ごろごろいた。そのひとりが関根翁で、幸田は、彼の談話をしばしば引用している。その後、この労作をもとに、森鷗外が小説『大塩平八郎』を書いた。『中央公論』の大正三年（一九一四）一月号の掲載である。「大塩平八郎が起こした大坂暴動事件を巡り、その始終を同情と批判の目をもって描いた歴史小説」と、『大阪近代文学作品事典』にあるとおりである。

その後も、大塩は義人として、また反乱者として、近現代の文芸史、とくに大阪の文芸史の大きなテーマとなって今日にいたっている。そのなかでも異色と思われるのが、宇野浩二の『清二郎　夢見る子』である。大正二年の発行であるから、鷗外の『大塩平八郎』と相前後している。

「人形になりゆくひと」「天王寺の南門」「清二郎彼自らの話」「与力の心」「悲しき祖母の寝物語」などの章からなるこの作品を、大塩モノと位置づけるのは、やや突飛かもしれない。ところが、九歳から二十歳の春まで大阪の宗右衛門町に育った清二郎が、母方の祖母と一緒に人力車に揺られて天満与力町を通過するときの一齣を描いた「与力の心」は、ほかでもない大塩平八郎を回想する小品である。

この作品は、宇野がみずからを清二郎のようなドリーマーだというように自伝的要素が色濃い。宇野は、自身を大坂の与力の出自だと信じていたようで、文学史でもそう理解されてきた。ところが正確には、宇野家は与力でなく、同心であった。大塩が、与力職を辞した文政十三年（一八三〇）年頭版の御役録に同心筆頭宇野住右衛門と出る。その宇野家の子孫であった。大坂町奉行所与力は、東西合わせてもわずかに六〇騎。しかも近世後期には、家筋が固定している。よほどのことがない限り、与力と同心を間違うことはない。それが明治維新から四十五年後に、もう取り違えられている。宇野にとって、江戸時代の大坂、とりわけ武士の大坂は、それほど簡単に忘れ去られるほどの薄い記憶であったのだろうか。

そんななかにあって大塩は、大坂の武士の記念すべき孤立峰である。しかし、いつまでも大塩でしか大坂の武士が語られないのは、いかにも偏向している。大坂の武士研究の貧困さを暴露する。彼以外の武士が、登場しなければならない。

したがってここでは、大塩は脇役である。主役となるのは、天保八年（一八三七）二月の「時ならぬ難波の花火」を鎮圧し、大塩父子を自殺に追いやったふたりの与力である。ひとりは西町奉行所与力内山彦次郎、いまひとりは城方与力坂本鉉之助である。

与力最後の大塩平八郎

主役に入る前に、『新見日記』を手がかりに、与力時代最後の大塩について触れておく。同じ与力として、内山彦次郎と顔を合わす機会の多かった大塩の姿である。

西町奉行新見正路が、組違いながら東組与力大塩に会ったのは、日記によれば文政十二年（一八二九）八月二十四日。月番東町奉行所での内寄合に出向いたあと、「平八郎はじめ掛り四人」が出席し、大教（だいきょう）をはじめとする僧侶（そうりょ）を牢内で下調べした結果を聞いている。

文政十二年年頭版御役録によれば大塩の役職は盗賊役筆頭、そして同十三年年頭版では、諸御用調役にいる。このころ大塩は、与力として絶頂期にあった。世にいわれるところの大塩の三大功績（一般にキリシタン検挙事件、奸吏（かんり）糾弾事件、破戒僧処分事件とされるが、それにとどまらないことが近年、明らかになっている）が、あいついでいたのである。大塩自身の「辞職詩幷序」によれば、文政十年夏四月に「耶蘇(やそ)之邪党」の探索の命があり、同十二年春三月には「猾吏(かつり)姦卒(かんそつ)」の糾明、そして文政十三年春三月に「浮屠之汚行(ふとのおこう)」の検挙をおこなった。これらはいずれも、「吾官長高井公」、つまり東町奉行高井実徳の命によったものである。

したがって新見が大坂に着任したのは、第二の功績である「猾吏姦卒」、つまり奸吏糾弾事件の直後である。その後、「浮屠之汚行」、第三の破戒僧処分事件があり、やがて大塩は引退する。その意味で、大塩と新見の間には不思議な時間の重なりがあった。

三大功績について大塩は、「辞職詩幷序」をはじめ書簡類でもしばしば言及し、天保元年十二月十三日付大蔵永常(おおくらながつね)宛書簡では、「その艱難(かんなん)苦痛は実に申尽しがたく、戦場の血戦よりも辛烈、その事は先頭(さきのかしら)(高井のこと)および小生ともども談候一両人のほか知る者之なし」と述べている(相蘇一弘『大塩平八郎書簡の研究』一、二〇〇三)。第三者である新見は、どれほど知っていたのであろうか。

第二の功績である奸吏糾弾事件は、西町奉行が内藤矩佳(のりよし)から新見正路に替わる間、高井の「一人(ひとり)勤め」の間にあった。西組の古参与力弓削(ゆげ)新右衛門と宇和島町(うわじまちょう)八百屋新蔵が摘発、処分された事件であるが、文政十二年三月に命を受け、四月に処分が下されている。しかしこの事件は、それにとどまらなかったことが、大塩が、蜂起の前夜に老中に宛てて送った「大塩平八郎建議書」の発見によって明らかとなった。藤田覚の表現を借りれば、「八百屋新蔵は不正な無尽(むじん)の組み立てに熟達した人物で、いわば不正無尽のブローカー的存在であった。

（略）弓削や八百新は不正無尽を通して当時の老中や所司代、大坂城代とつながっていたのである」（「『大塩建議書』の政治史的意義」『大塩研究』三七、一九九六）。

したがって「不正無尽」の追及は、弓削や八百新につぐ第二の被疑者を生む。それが破損奉行一場藤兵衛らの処分である。一場の罪科は、大坂城内左官頭為村長兵衛らと計って頼母子講（これが富を生む無尽講）を組み、不正な益金を取得したというものであるが、さらに「建議書」は、大坂定番大久保教孝ら在坂武士の疑惑を指摘し、証拠書類として文政十三年正月付の「不正無尽取調書」を添付している。

整理するなら、弓削と八百新の摘発・処分（文政十二年三〜四月）と不正無尽調査（同年十二月）の指示があった期間に、新見の大坂町奉行着任があった。だとすれば『新見日記』に、それにかかわる動きが記されているはずだ。

実際、文政十二年九月六日の条に、城代太田資始と新見が面談、六役奉行のひとつである破損奉行から「心得違い」の触が出されたが、触はほとんど回収したので、あえて江戸に進達する必要がないと出る。

破損奉行講一件

ここでいう「触」とはなにか。手がかりは、『藤岡屋日記』に収められた破損奉行一場藤兵衛の処分理由にあった。一場は、「摂河両国村々左官ども御用弁、成就いたし候ハバ、勝手向用弁をも致すべし」と大坂城内左官頭為村長兵衛から誘いをかけられ、さらに成功すれば、頼母子講を組み、講元には掛金もなく益金が手に入るように請託した廉で処分を受けた。その見返りに為村の求めに応じ、在郷の左官たちに御用役を強いることを了解させるため、同役である飯島惣左衛門らと語らい「先例にもない触書を差出」させたというのである。

これについてはさらに、大坂町奉行所で取り調べを受けた摂津国小路村治助の口上によるとして、次の記述がある。在郷村方の左官仲間の組織化を進めたのは河内国出口村治兵衛と摂津国平田村林右衛門の両名で、大坂城御用を勤める山村与助に接触、山村の手代平七が左官頭為村を紹介し、さらに為村は、破損奉行一場に彼らを引き合わせたが、その見返りとして、一場のために講を作るよう要請した。治兵衛ら世話人は講銀三五貫目を用意し、文政十一年十二月、一場宅で手渡した。ところがその後、何の沙汰もなく、翌年五月、講銀が不足しているとしてさらに一株加入、六月、依頼の件を聞き届けるとの返答を得、八月上旬、前述した左官取り締まりの触が出た。ところが下旬には、触を撤回するとの廻状が廻されてきたのである。在方左官の組織化を推進した摂津・河内の世話人たちは、突然の風向きの変化の真因を知らないが、そこに「破損奉行一件」があった。

一場ら関係者の江戸評定所での審理は文政十三年三月におこなわれ、五月に処分が下されている。「触」回収は同十二年九月のことで、しかも江戸に報じることなく穏便に済ますように決まっているので、事件に発展するには、さらに第二・第三の要因がなければならない。

新見は同十二年十月十九日の『日記』に、「御破損奉行風聞書上げ方、今日打合せ」と書く。触を回収した後に、風聞書、つまり一場らの身辺が調査されていたのである。しかもこの日、東では与力の転役があり、大塩は諸御用調役という与力最上席の役職に任命された。

十一月になると、事態はさらに進む。「地役人風聞調仰せ聞かせられ、藤兵衛儀別段調上候」のように、一場をターゲットに、破損奉行だけでなく、地役人一同を視野に入れた極秘調査が進んでいた。

地役人とはどこまでをさすか、という問いに対して城代は、定番と加番・大番頭を除くように指示している。したがって地役人とは、破損奉行・弓奉行・鉄砲奉行・金奉行・蔵奉行・具足奉行の六役に船奉行と代官となる。しかし「建議書」には、御定番大久保教孝らの不正無尽の内偵報告が入っているので、大塩は城代の意向を無視して調査した可能性がある。

年が改まった文政十三年正月には、一場と飯島の両破損奉行が「御用召」につき帰府することになったとの記事がみえる。三月九日には、両名を評定所で詮議する旨が老中から城代に伝えられ、破損奉行の講一件はついに、正式に立件、審議されるようになったのである。その後、三月十九日、閏三月二十五日、四月七日とあいついで関係者が江戸に召喚されることで、『藤岡屋日記』に記された関係者一四人がすべて揃う。こうして、一場の遠島をはじめとする五月の処分にいたる。

これに対し「建議書」は、「それぞれ御仕置仰渡され候者、誰も屈服致さず」と書いて、一場らの処分でケリをつけようとしたことにだれも納得していないと強調しているが、奉行には城代の許可を得るというハードルがあった以上、与力ひとりの力ではどうしようもない。後年大塩は、伊勢の儒学者平松楽斎（ひらまつらくさい）に宛て、「所詮（しょせん）要路の大官に就いていない身では、十分に思い通り働くことができない」とこぼしている。

大塩平八郎と高井実徳

大塩が「吾官長高井公」という高井自身も、大塩三大功績といわれるものを深く自覚していたと思われる。

暑気あたりのために六月二日の御用日に出勤できないと断ってきてから高井は、ほぼ連日の「不快」の通知を新見のところに届けていた。十六日には「耳遠（みみどお）にて公事訴訟聞えかね、裁許相成ず」と述べ、「病気養生出府願」を出す。引き止める城代に対し、もはや本懐を遂げたので、転役は願わない決心であるとして江戸出府を強く願うが、そのなかで「昨春以来心配の取扱事、吟味物などすべてよく相済」んだと述べている。「昨春」とは文政十二年春のことで、大塩が「辞職詩幷序」でいう西組与力弓削新右衛門らの奸吏糾弾事件、それに続く破損奉行一件と軌を一にしている。

その意味で、高井と大塩は一体であった。そんな高井の「出府養生願」が八月七日、江戸で認められ、八月十四日、新見のもとにも届くが、翌日には、十八日に出発との知らせが入っている。なんともせっかちな参府である。

ところで興味深いことに、高井の「出府養生」が決まる前後に、大塩が新見のもとに頻繁に顔を出す。八月一日には「為村一件」につき文通があり、「これまで東にて吟味書物類二袋、帳面一冊一覧のために差出」。翌二日も三日も来ては、新見のもとに書類が届けられ、九日には「破損奉行一件引合之者吟味口書下書七冊通物三通」、十二日には「邪宗門吟味書並四ケ所長吏御仕置一件書物」が、それぞれ届けられている。

こうしてみると高井の出府を控えて、破損奉行一件・邪宗門一件という大塩三大功績にかかわる書類が、大塩と新見の間を往復しているのである。そして八月十六日、大塩の致仕と養子格之助への跡番代任命が『手留』に出る。東でおこなわれた人事異動の一環で、大塩の後の調役には瀬田藤四郎が就いた。

二日後の八月十八日早朝、東町奉行高井実徳は江戸に向けて大坂を出発する。二十日に新見は、大塩の「平八郎儀身分之儀」についても高井から願い置かれていたが、いまだ下知がないので、大塩の辞任だけを許可し、その届けを城代に差し出したと『手留』に書く。ここで問題になるのは、高井が願っておいた「平八郎儀身分之儀」とはなにか、ということである。「下知」とある以上、城代をへて江戸への願と解釈される。つまりは、大塩が与力を辞めた後の身分変更をさしていると考えるほうが妥当だろう。

その後、九月七日、九日、十三日に同僚大西与五郎を介して封物が届けられるが、引退の形になった大塩の姿は『日記』にみえない。四ヵ月後の天保二年（一八三一）正月八日、再び『手留』に「大塩平八郎御褒美願」が出る。「身分之儀」から「褒美願」への変化が気になるが、高井が大塩の功績に対し、幕閣からの報奨、あるいは身分変更（たとえば直参への引き上げ）を期待して動いていたことは明らかで、しかも新見も、それに同調していた節がある。

大塩平八郎と新見正路

大塩は、新見にとっても忘れられない人物である。それは、新見も大塩も、人並み外れた文人であったからである。とくに興味深いのは、頼山陽の代表作『日本外史』を、大塩を介して新見が入手していることである。同書の入手をめぐっては、大塩と山陽の間に齟齬が生じていたことが相蘇一弘によって明らかにされている（「大塩平八郎と頼山陽――文政十三年『日本外史』の譲渡を巡って」『大阪歴史博物館研究紀要』一、二〇〇二）。それによれば文政十三年（一八三〇）八月ごろ、大塩は旧知の間柄であった山陽に新作『日本外史』の写本を送ってほしいと頼み、山陽は承知した。ところが大塩はもう一組、新見のために無心したので約束が違うと山陽が不満を示し、間に入った山陽門人秋吉雲桂は大塩に、謝礼か、買い取るかという条件を示し、九月四日付書簡で秋吉に「買取」と返事した。

それに応じて早速、『日本外史』二二冊が大塩のもとに届けられ、九月十二日付で「たしかに落手仕候、僕退隠の義につき同伍の者をもつて、早々差出」と秋吉に宛てて認めている（相蘇『大塩平八郎書簡の研究』一、二〇〇三）。はたして九月十四日、『日本外史』は与力内山藤三郎（彦次郎の父）を介して新見のもとに届けられたのである。支払額は金三両であった。

しかしながら、大塩が新見のために「一肌脱いだ」のはこれだけではなかった。さらに意外な発展をしていた。それは近年、相蘇一弘が明らかにした一〇〇〇両という大金が新見へ調達されていることである（相蘇前掲書）。

相蘇は、新見の領地近江蒲生郡小中村の豪農武藤休右衛門――新見の在坂中に「御用人席勝手方元〆役」に任じられ、『手留』にしばしば登場する――を介した大塩と新見の関係を、書簡によって跡付けているが、調金は、新見が江戸に帰った天保二年（一八三一）から三年にかけておこなわれた。出資元は鴻池家で、「鴻池一類のうち別て入魂の者」である与力瀬田藤四郎が仲介し、同年秋に大塩は七〇〇両を為替手形にして門人に持たせ、武藤のもとに届けさせている。さらに残りの三〇〇両は、少し遅れ、大塩みずから届けているという。

これほどまでに、新見に対し調金に励んだ理由として大塩は、「公儀を大切に存じ奉り候て、よろしく御世話させてもらう、自分の身の為にいたし候様の存心はさらにないので、いつまでもそのところを忘却しないでほしい」（天保三年正月十七日付）と武藤に述べている。江戸の新見も武藤宛手紙で、「（大塩）中斎当初より段々一通りならず自分のために存意を入、心（親）切の取計にて事整い候段、かたじけない」（天保三年十月十六日付）と、感謝の念を表している。

新見が大塩に依頼した大金がなにに使われたのか、その使途はまだ、確認されていない。

いずれにしても新見が、大塩事件を解くうえでの重要参考人物であることは間違いない。

与力内山彦次郎のデビュー

一方、与力内山には、その履歴にかかわる重要な史料が残されている。すでに幸田が『大塩平八郎』のなかで、「同人自筆の勤功書」としているものである（慶應義塾図書館幸田文庫蔵）。

奉行所与力の書き残したものとしてはつとに、「吟味役勤書」のような、役職の業務要項を記したものが複数、知られる。ただし個人記録ではない。個人記録としてはわずかに、大野正義の手で紹介された田坂直次郎（たさかなおじろう）「務書」がある（『大坂町奉行與力史料圖録』一九八七）。田坂本人の出自から書き起こし、出仕して以後の各奉行からの拝命事項が続く形式で、ときに辞令が併記されている。彼らもいまのお役人同様、辞令で異動を重ねていたのである。

内山自筆の「勤功書」は、それと半ば似ている。出自などの項目はないが、拝命事項がある点で共通する。だが「見習勤につき銀五枚」のように褒賞事項がある点で、「務書」と異なる。「勤功書」と題されるゆえんである。とくに拝命事項が詳細で、人事異動の記録としてみると優れている。それを素材に、内山彦次郎という与力の生涯を描いてみたいが、彼の活躍した時代には、三人の頭（奉行）が、記録を残している。新見正路、久須美祐明、そして久須美祐雋である。年代にして文政から天保、安政にいたる約四十年である。内山を取り上げる理由は、本人の記録と、上司の記録とを重ね合わせることができるからでもある。

元与力八田家に残された文書によって大きく進んだ与力研究によれば、与力は、父親が現役のうちに「御用日見習」としてデビューし、その後、当番所への勤務である「番入」を勤めながら、定町廻を起点に年功序列の世界に入っていく。実際、与力内山のキャリアも、文化十年（一八一三）二月一日、西町奉行斎藤利道から「御用日見習」を拝命したことにはじまる。当時十七歳。その後、同年五月に御番方見習勤並、十二月に御番方として褒美を受け、定町廻となるのは翌文化十一年八月十五日である。

それを御役録で確かめてみると、文化十二年年頭版の定町廻の欄に彼の名はない。しかし、これは怪しむにたりない。なぜなら定町廻は一ヵ月ごとに交代していることが、『新見日記』によってわかるからである。いうなれば、デビューしたての与力が一ヵ月の期間限定で就くのが、定町廻という役職である。次代を担う若者たちの訓練の場ということもできる。裏面地図には、父藤三郎と並んで彦次郎の名がみえる。彦次郎は確実に与力社会にデビューしていた。

裏面で興味深いのは、内山の役宅の裏、朝岡助之丞の向かいに大塩の役宅があるが、そこに祖父政之丞と並んで平八郎の名がみえることである。大塩も当時、与力社会にデビューしていたのである。たしかに文化十四年年頭版の御役録の定町廻の欄に、平八郎の名がある。そして、翌文政元年（一八一八）年頭版では目安証文役六人の最下席に大塩がいる。内山が欠所役に名を載せる文政二年八月版にも、大塩は同じ席にいる。そして内山が蔵目付として載る同四年年頭版では、大塩は目安証文役七人の四番手に上がる。いうなれば、先行する大塩を内山が追う格好であるが、三年年頭版では内山も目安証文役の下から二番手に名を載せる。こうして大塩と内山は、東組と西組に分かれるとはいえ、この時期、どちらも目安証文役に就いている。

しかしその後、再び、大塩が目安証文役の筆頭（七年八月版）、極印役（九年年頭版）、盗賊役（十年年頭版）へと昇進する。その間、内山は目安証文役の席順を上げ、文政十一年八朔版の極印役をへて十三年年頭版で盗賊役として出る。再び、大塩に並んだのである。「勤功書」では、文政十二年十月二十日の発令とある。そして新見が大坂町奉行に就任した翌年十三年年頭版の御役録の盗賊役の欄に、東の筆頭として大塩平八郎、西に松井金次郎と内山彦次郎の名がみえる。

与力は東西ごとに分かれて執務したから、机を並べることはないが、顔を合わせることは頻繁にある。すでに内山は三十三歳、大塩は四つ年上の三十七歳、ともに働き盛りである。互いに相手の器量と気質を知る歳月は、十分に流れていた。

新見正路と内山彦次郎

内山は、頭である新見の二年余の日記のなかに、頻繁に登場する。その頻度は、与力のベスト3に入ると思われる。新見のもとではまず盗賊役として仕えたが、新見着任後、堺奉行の交代にともない堺掛を兼務する記事が出る。そして文政十三年二月二十六日には与力の人事異動がおこなわれ、吟味役に就き、盗賊役も兼ねる。さらに十二月一日の異動では、遠国役になる（盗賊役・吟味役兼務）が、それはトップの諸御用調役から数えて四つ目という上席である。ひとつ上席の目付には、父藤三郎がいる。父の背中がみえるところまで来ているのである。

十二月十九日には、格別骨折りとして、盗賊役松井金次郎とともに袴地一反を新見から受け取っていることが『新見日記』にみえるが、それは「勤功書」でも確認できる。褒賞は天保二年（一八三一）八月二十一日、新見が江戸に帰る前日にもみえる。そこでも迎方与力・調役らと並んで、松井金次郎と内山彦次郎の名がある。松井も寺社役を兼務しているが、ふたりが連名でいるのは盗賊役だけである。そうしてみると新見の内山への信頼は、盗賊役としての任務にあったのではないかと思われる。

『新見日記』には「盗賊方多用」という表現が、しばしばみえる。大坂でも盗賊が少なくなかった。というよりは多かったようである。久須美祐明は『浪華日記』の天保十五年五月十一日条で、「当所は金銀が多いので、盗賊も多い。ところが町民たちは臆病（おくびょう）で、物音がし、盗賊が入っていても怖がって寝入りこんだふりをするのでやすやすと盗まれると、先役奉行阿部正蔵が話していた。近年の改革で押し込みは減ったが、今年の正月にまたぞろ五、六人の押し込み強盗が入った。これは江戸にはないことで、奉行を踏みつけるやり方だ」と書いている。強盗被害の多いのは、奉行の体面を汚す行為であった。江戸から来た奉行としては、その対策は第一の課題であったと思われる。文人新見も、その責務を負っていたのだろう。

その盗賊役に内山が任じられたのが文政十二年十月二十日。一方、大塩が諸御用調役を最後に、与力を辞め、養子格之助に譲るのが翌十三年八月二十日。このわずか十一ヵ月（閏月を含む）の間に交わされたものと思われる大塩平八郎の内山宛書状が一点、残されている。相蘇一弘によればこの手紙の日付は、文政十三年八月十二日、文中に「昨年の八百屋新蔵一件以来」とある。八百屋新蔵とは新町で妓楼を営む町人だが、西組古参与力弓削新右衛門と結託して、武家や公家・寺社の不正無尽に深くかかわっていた。すでに大塩が摘発し、処分（弓削は自殺）されていたが、この事件は、町奉行所の与力・同心が、市中のいかがわしい者を、捕方の手先（江戸の岡っ引きに相当する者）として使ううえで慎重にするようにとの指示が奉行所内に出される契機となった。ところが手紙は、町目付から「頭」（高井実徳）に上げられた「手段を付け、金品などを借り請けている」との風聞書を調べてみるとどうも、東組盗賊方同心村上伝吉郎の手先と思われる。そこで火急に、この件について相談したいと思って手紙を出したが、出勤された後とのこと。明日は東役所に参るので、東役所にお越しください、と伝えている。

ともに盗賊役として、捕方同心を指揮し、市中の悪党を捕らえることに努めているが、それには市中に散在する手先や、四ケ所（天王寺・道頓堀・鳶田（飛田）・天満に居住する非人と呼ばれた被差別民の組織で、「長吏」に統括されていた）を駆使して探索することが不可欠であった。『新見日記』に「町目付井上十二郎、先ごろ瓢箪町出火のみぎり、場所において聞き探り、火付け人を召捕え」た、として褒美を与えている（文政十二年十一月四日）が、これにも手先の活躍があった。しかし、それがまた賄賂の温床でもあったことが、弓削一件で明るみに出た。そこで、同じ役職に就く者として、大塩は、内山に綱紀粛正を呼びかけたのである。『日記』の八月十二日条を調べると、大塩が新見のもとに頻繁に出向いている最中で、当日も、邪宗門吟味書・四ケ所長吏御仕置一件書物などを新見に届けている。翌日は、月番である西町奉行所の御用日である。新見は早朝より訴訟一四〇口を審理した上、五半時（九時頃）に登城し、昼に帰宅している。はたして内山がその日、大塩を東町奉行所に訪ねたかどうか？

仇敵の仲

その後、与力である内山と、私塾洗心洞主人となった大塩にどんな接点があったかはわからない。ところが天保八年（一八三七）二月十九日の決起にあたり、大塩は内山を血祭りに上げようとしていたとの風聞があった。幸田は『大塩平八郎』のなかで、こう記す。

西組与力内山彦次郎は、組違いでありながら（跡部）山城守の信任を得、兵庫表買米の密使に立った者であるが、（吉見）九郎右衛門の密訴状の最後に、彦次郎はかねがね平八郎心に合わざる旨申し居るにより、暴挙の手始めとして、まず同人に打ち懸かるやも計り難しとあるのは、よくこの間の消息を示すものと言えよう。

大塩は内山を、「かねがね心に合わざる」者とみなしていたが、跡部良弼の命を受けた「兵庫表買米」によって決定的となった、というのである。跡部は高井実徳・曾根次孝・戸塚忠栄・大久保忠実と続いた東町奉行の新任で、任期は天保七年四月〜十年九月。「勤功書」によれば、「兵庫表買米」は、天保七年九月、西町奉行矢部定謙の参府中（やがて転任し、堀利堅が後任と決まる）、したがって跡部の「一人勤め」の間におこなわれた。たび重なる飢饉（世にいう天保の飢饉）によって江戸の米穀事情が深刻の度を増しているなか、窮余の策として、兵庫津で米を買い入れ、直接、江戸に回漕する密使として内山が派遣されたのである。九月二十五〜二十八日の間、兵庫の豪商北風荘右衛門を介して、米を買い江戸に送ったと、みずから記している。これが大坂三郷の窮民対策に奔走する大塩の神経を逆なでする行為に映ったと、吉見はいう。内山の役職は、盗賊役を兼ねながらも、地方役に進んでいる。地方役は、川役・寺社役を合わせて三役という、与力の中堅職である。大塩は、与力瀬田藤四郎や小泉淵次郎、同心渡辺良左衛門・庄司義左衛門ら、東組の与力・同心を糾合して決起に及んだが、彼らを通じて、奉行所内の動向は大塩に筒抜けであったと思われる。

両者が犬猿の仲であったと思われる事例は、もうひとつある。なんども触れている「大塩平八郎建議書」に収められた、摂津河内村々の訴状のなかに出てくる。それは町奉行所与力・同心と四ケ所長吏の結託と不正を糾弾した文面であるが、「西御奉行様付与力同心衆一同悪敷輩のそのうちにも内山藤次郎（彦次郎の誤りか）殿とやら」と名指しし、天王寺長吏

善吉との贈収賄を指摘したうえで、

> 大塩様はご隠居成され候間、非道の内山殿とやらが世に出て、役人奢り長じては、神も仏もこれなきものか、悪事の盗賊などへは憐愍を加へ増長をさせ評判をとるは、さて世の中は浮鈔なり。

と記す。

通常の村役人たちの訴状に似つかわしくない文体、善玉大塩、悪玉内山と決め付ける内容は、この訴状に創作の匂いを醸し出させるが、同時に、内山と大塩のただならぬ関係が暗示されている。内山はまだ盗賊役兼地方役で、その上には諸御用調役の吉田勝右衛門や松井金次郎など一〇人余の先輩がいる。そのなかで、内山だけが目立つというのも理解しにくいが、いずれにしても大塩が、内山を嫌っていたのは確かと思われる。

決起前後の内山彦次郎

決起のさいに大塩が内山を血祭りに上げようとしたとして、それは可能であったのか、といえば答えはノーである。天保八年（一八三七）二月十九日、内山は大坂にいなかった。その間の事情は、「勤功書」が語る。

それによれば、近ごろ米価高値のために諸人が難渋している。また西国中国筋では、米を持ち囲う（売り惜しんで高値の販売を待つ）者がいるように聞いているので、同地に赴き、米穀の融通方を取り扱い、そのような悪党者を逮捕するように、との命を二月五日に受けているのである。跡部・堀両奉行の立ち会いで、命を与えたのは大坂城代土井大炊頭利位（おおいのかみとしつら）である。

そこで内山は、同心四人と非人組織である四ケ所の小頭と「若キ者」をともない九日、十日と出発する。兵庫津まで船で行き、そこで内山は上陸、陸路中国筋へと向かう（残りのメンバーは海路）。十九日の大塩決起の報が入ったのは、備前（びぜん）岡山。飛んで帰るべきか、このまま使命を続けるべきかと思案の末、城代より「ひとまず着坂せよ」との伝令が届き、二十八日、岡山を発（た）ち、大坂に帰ったのは三月三日である。

大塩勢の決起は半日にして鎮圧されたが、平八郎・格之助を含むメンバーは行方をくらましている。その捜索が新たな任務となる。三月九日、まず摩耶山（まやさん）に出向くが空振りとなり帰坂。その後、市中油掛町（あぶらかけまち）美吉屋五郎兵衛方に潜伏しているとの情報を得て二十六日夜、下役同心を連れて出向く。五郎兵衛を他町に誘い出し、尋問の結果、二月二十四日から大塩父子を奥庭つづきの離れ座敷に匿（かくま）っていることが判明。同町周辺を捜索していた城代家来岡野（おかの）弥一右衛門ら八人を加勢に頼み、二十七日払暁の逮捕劇となった。

町方与力が城代の家臣に加勢を頼んだ経緯については、「大炊頭殿へは自分かねて出入りいたし候所縁」があるからだと「勤功書」に書くが、幸田はそれを「立入（たちいり）与力」と呼んでいる。「立入とは東西両町奉行組の与力中より選ばれ、城代のもとへ出入りし、用向があればこれを承わる者をいう」とは、幸田の説明である。そうだとすれば内山は、御役録に現れた顔とは別の顔をもっていたことになる。

とはいえ、かくて大塩父子は火中に飛び込み自決した。その死骸を検めたうえで、高原溜へ移し、塩詰めの指揮をとったのも内山である。かつて幾度か同じポストに就き、勤務に励み、いつのころからか「かねがね心に合わざる」間柄になってしまった両者はここに、幽明境を異にすることとなった。大塩四十五歳、内山四十一歳の春である。

内山彦次郎と久須美祐明

「勤功書」によるとこの年、内山は盗賊役として銀二枚、同御用多につき銀五枚、米価引き下げ骨折りとして銀七枚、当春以来市中臨時廻り骨折りとして銀三枚、さらに買米骨折りとして城代より銀七枚と多数の賞与を受けている。しかも九月十二日には、父藤三郎の引退にともない跡番代となり、一ヵ月後には、養子に迎えた弟逸之助をデビューさせ、リレーよろしくつぎの走者を用意する。天保八年は、内山にとって生涯、忘れがたい年となったであろう。

むろん内山の活躍は、ここで終わらない。むしろこれからである。こののち六十八歳まで、三十年近く、現役与力として縦横無尽の活躍をする。列挙すると、諸色取締方、御用金徴収、御国益仕法、箱館産物会所仕法となる。

一見して明らかなように、これらは幕臣でなく、大坂地付の侍にすぎない一介の与力が直接タッチするには大きすぎる課題である。いうなれば、町奉行所与力の守備範囲を超えている。もしそれが可能とするなら、どこかで政治の中心江戸とつながりをもっていたと思われる。

天保九年十二月には、諸御用調役格に上がり、さらに諸御用調役見習となった内山（御役録では天保十年八朔版以降、諸御用調役三人の末席に名を載せる）は、天保十二年、西町奉行阿部正蔵のもとで、廻船運上・諸色取締掛を命じられる。江戸で開始された改革の一翼を、大坂で担うことになったのである。十三年には「諸色取締」に関する内密報告書を書き、翌十四年正月、「改革御用」のために参府する阿部に随行して、江戸に行く。盗賊方の与力・同心たちが、被疑者を江戸に送るように城代から指示があると、囚人宰領として江戸に向かい、役目の終わった後、日光東照宮を参拝して帰坂するのは、『新見日記』にもよくみられる事柄であるが、「改革御用」のための江戸行きは前代未聞である。城代の許可を得たうえとはいえ、能吏ぶりを見込まれての〈一本釣り〉であろう。

ところが阿部は江戸到着後、江戸町奉行に転身、後任に久須美祐明が就いた。就任後の三月十三日、久須美は内山に上坂につき御用使を勤めるように命じる。四月五日、「改革御用」の済んだ内山は老中水野忠邦から骨折料として銀五枚を拝領、八日、江戸を発ち、大坂に戻る。

いったん大坂に戻った内山は五月二十五日、久須美を迎えるために近江国武佐宿まで出向く。内山は江戸で、新町奉行久須美の迎方に任じられていたのである。内山が中山道を辿ってきた久須美に武佐宿で会ったのは、五月二十九日、雨のなかの再会である。内山は江戸で久須美からもらった麻裃をつけていた、と久須美は記す。この後、内山の姿は、久須美の『浪華日記』のなかで、活写されることとなる。

御用金と内山彦次郎

迎方与力であるから、内山はつねに久須美の傍らにいる、あるいはつねに相談にあずかるという位置にあった。第四章で触れたが、役宅の庭園に掘られていた掘り抜き井戸の水を水槽に溜め、御用談之間から見渡せる泉水に入れる件で相談したのも内山である。翌天保十五年（一八四四）九月十一日、そのことを思い出し、「年中清水が流れ、詠(なが)めになる」と日記に書いた久須美は、再度江戸に出向く内山に対し「格別骨折り内外深切」として手製の提げ物（なかには熊の胆(い)、梅ケ香など旅行常備品が入っている）を贈っている。

しかし久須美が絶賛するのは、それではない。御用金の件での内山の活躍こそ、彼が絶賛するものである。

御用金は、江戸の後期には頻繁に発令されている。いちおう借りる形をとり、利息付で返却される建前であったが、その返済はおそろしく遅れた。返済が済まないうちに、また御用金が課せられるのが常態であった。しかも狙いは、「町人の都」大坂にあった。

天保の御用金は、久須美が西町奉行として着任してほどなくはじまった。そのために納戸(なんど)頭(がしら)羽倉外記(はぐらげき)（簡堂(かんどう)）が天保十四年六月二十九日に来坂、七月二日、羽倉と久須美がはじめて面談している。興味深いことに、一方では、五畿内の私領三二万石余を上知し、代官預かり所とする上知令が、前月に発令されて、大坂周辺の村方は上知令、町方は御用金で上を下への大騒ぎとなる予兆があった。前日七月一日の条に久須美は、「暑気にて凌兼」と書いている。羽倉の『西征日曆』（静嘉堂文庫蔵）によれば、八月一日の気温は華氏九五度（摂氏三五度）である。

猛暑のなか七月五日には、惣年寄を呼んでの協議、六日には一度目に鴻池善右衛門ほか一四人、二度目に茨木屋安右衛門ほか三八人を呼んでの申し渡しとなる。羽倉とともに申し渡しをおこなった久須美は、大略、つぎのようにいった。

このたびの御用金は、お上の徳義を助けるものである。御用金によって諸色取引融通に支障を起こしては大坂のためにならない。奉行の身としては、当地が繁栄するようにしたいが、もし他国にて御用金賦課を聞いて取引を危ぶむ者が出ては、もってのほかのことである。さすが大坂、御用金を申し付けられても金銀不融通が起こらないと安心させるようにしてもらいたい。

さすがに奉行、多額の御用金賦課が、大坂の金銀融通に支障を起こせば大変だと知っている。大坂の全国金融に占める位置を見抜いている。しかし、そのバランスをとることはきわめて難しい。御用金に重点を置けば、大坂町人の反感を増幅し、ひいては全国の金銀融通に支障をきたす。しかしそれに遠慮すれば、思ったほど御用金は集まらない。その微妙なバランスをどうとるか、手腕が問われた。

使命を帯びて来坂した羽倉は、直球勝負一本槍で向かう。案の定、「当所の奉行にて町人を差配する」久須美と衝突する。七月二十日の『浪華日記』によると久須美は、「外記見込みの通り出金させれば三〇〇万両にもなり、自然騒乱も起きよう」と羽倉を諭し、一一〇万両の線を出す。それに内山も加わり事情を説明し、説諭を重ねることで、当初、憤っていた羽倉も納得、二十二日に、その線で町人たちに申し渡すこととなった。「今日は無益の論判にて手間取る」とは、歯に衣を着せない佐州老（久須美の受領名佐渡守に由来する）の記述である。

その後も、羽倉と久須美の対立は残るが、羽倉が但馬行で大坂を留守にするという偶然も重なり、大坂町人の「下タ方気請」を重視する久須美・内山コンビが優勢となる。そして八月九日には、鴻池ら主立ちを除いた町人一一一人に申し渡すが、羽倉の書いた文面では難しいだろうからと、「平常の言葉に取り直し」久須美は説諭する。

浪花の三傑

残念ながら久須美は「平常の言葉」を書き記してくれていないが、内山が、嘉永六年（一八五三）に再度、御用金を町人たちに申し渡したときの弁舌が残されている（『大阪市史』五）。

「日本は国常立尊（『日本書紀』によれば、天地開闢後に最初に現れる神）以来、海に囲まれ独立し、当代においては三百年の間、国は治まり戦乱がない」と徳川の世のありがたさを説いたうえで、「もし武備の備えがなく、外国との戦端が開かれれば、武士は戦場で黒クスブリとなり、農民は歩兵として戦場に屍をさらすが、工商は何の役にも立たないではないか。せめて今回の御用に立ってこそ、御奉公になるというものだ」と結ぶ。文中にはさらに「迷惑ながらアタマカキカキ熟慮いたしてくれる様、よろしく相頼ム」「一肩ヲヌギ出精シテモライタイ」といった口吻がみえるが、丁髷を結いながら、大阪弁で語るひとりの武士の姿が髣髴としてくる。よくもわるくも内山は、大坂の武士であった。

そんな根っからの大坂の武士が、陪臣（家臣の家臣）ではなく譜代となった。西町奉行が、川村修就から久須美祐雋に替わる間の安政二年（一八五五）五月二十六日のことで、「数年貞実に出精し、この度の御用筋にも格別骨折りした」というのが、その理由である。「勤功書」には、

　とくに大坂町組において元和以来先格これなし、自分に限り御沙汰、家の規模はもうすまでもなく、組一統の規綱にも相成り、じつに冥加至極。

と記す。この破格の勲功は、その後の出世（勘定格、御目見え）とともに、彼の菩提寺寒山寺蔵の過去帳にも記されている。

譜代になったばかりの内山を、迎方与力に任命した西町奉行がいる。久須美祐明の嫡子、

祐雋である。当時内山は諸御用調役の筆頭であり、二度目の迎方ということでいったんは断るが、因縁もあるからと説諭され受諾する。みずから「親子二代に迎方として仕えた」と特筆する。

その久須美祐雋が、西町奉行所の役宅で書き綴った「在阪漫録」（有名な随筆「浪花の風」のもとになったもの）のなかで、つぎのように書く（『随筆百花苑』一四所収、一九八一）。

> 天保の頃より安政の初に至て、浪花の三傑と称して土地のもののことのほかに賞讃し、江戸にてもその風聞ありし人物は、第一予が組の与力内山彦次郎（略）

内山は大坂にあって、尼崎屋又右衛門（大工頭山村与助・瓦屋寺島藤右衛門と並んで、大坂の陣後、幕府主導の大坂復興に寄与し、町人ながら苗字帯刀を許されるという特権を得た三町人のひとり）、天満組惣年寄薩摩屋仁兵衛と並んで三傑と称えられていたのである。「もとより予が組の与力、ことに当時筆頭のものなれバ、日々親炙して、その人となりは晴知せり」と書く。内山が譜代になったとき、薩摩屋仁兵衛も「格別骨折り」として熨斗目着用を許されているので、浪花の三傑の基準が、江戸＝幕府寄りであることは疑いない。大坂の町人サイドからみれば、どう採点されるか。

その一例とみられる辛口批評がある。「当時、筆頭にて得手勝手の事取さバく、市中困り入候て、兼ねてはか様の義もこれあるべく人と存じ候」。これは両替商で知られた平野屋五兵衛の別家主人藤兵衛が、元治元年（一八六四）五月二十日、内山が天神橋南詰で浪士に誅殺されたことに触れて書いた一節である（脇田修・中川すがね編『幕末維新大阪町人記録』一九九四）。この暗殺、新撰組がかかわったとされ、新撰組を語るときには必ず引かれるものであるが、真相は「天下義勇士」によって誅殺されたことだけである。それにしても「浪花の三傑」と「市中の困り者」――この落差には、江戸の幕臣と大坂の町人の間に立って役務に励む与力の立場を語って余りある。

坂本鉉之助と大塩平八郎

久須美の「在阪漫録」は、薩摩屋仁兵衛が死去してから浪花の三傑は、尼崎屋又右衛門と内山、それに坂本鉉之助だと書いている。この坂本もまた、大塩平八郎との因縁がある。坂本が『咬菜秘記』という、大塩蜂起の結末を知るうえでの貴重な証言を残しているからである（国会図書館蔵）。そのなかで坂本は大塩の学問を、「天満組風の我儘学文」と語っている。この発言は、町方与力には天満組、城方は玉造組・京橋組とそれぞれ呼び慣わし、相互に、集団としての自己主張があったことを前提としている。

坂本鉉之助はそのうちの玉造組、すなわち玉造と京橋の二つある定番のうち、玉造口定番付の与力であった。坂本家が代々、玉造口定番与力三〇騎のひとつであったことは、『大坂武鑑』でも確認できる。『享保武鑑』では坂本孫之進、『天保袖鑑』では坂本鉉之助としてみえ、玉造六軒屋敷に役宅があった。同僚に本多為助がいる。天文方で有名になる高橋景保も、出身は玉造組同心であった。町方与力ほど知られていないが、彼らもまた、大坂生え抜きの武士である。

城方与力のために、玉造組が町奉行新見の日記に出ることはない。しかしその動静の一端がわかる。それは玉造組が、しばしば「大筒丁（町）打ち」と称して、大砲の演習に堺方面に出かけるとの連絡が、新見のもとにも届けられたからである。場所は堺の七堂浜、付け替えられた大和川川口の浜辺である。

このことは玉造組が砲術、とりわけ大砲の技能に長けていたことを物語る。はたせるかな坂本は、荻野流の砲術家として知られていた。もっとも有名なのは実父の坂本俊豈（号天山、信州高遠藩士）である。父天山が長崎で客死したのち、大坂城方与力坂本孫之進（号俊現）のもとに養子に入り、鉉之助も砲術家として一家をなした。その実力が遺憾なく発揮されたのが、大塩勢が蜂起した天保八年二月十九日である。

『咬菜秘記』はその過程を生々しく証言する。天満で蜂起し、火を放った大塩勢は、天満から北浜方面に移動する。その主力部隊が天神橋を渡って淡路町に差し掛かったところで、急遽駆けつけてきた坂本ら玉造定番与力と交戦。そこで坂本と同僚本多為助が放った鉄砲が、大塩方の砲術家梅田源左衛門に命中し、大塩勢は総崩れとなった。大塩勢鎮圧の最大の功績として、のちにふたりが表彰され、譜代に昇進する決定的場面である。

この淡路町の交戦は、大塩事件のハイライトで、諸書に書かれている。そこで本書では、どの書にも書かれていない逸話を紹介する。それは、坂本にしたがい「死生をともに」した玉造組同心山崎弥四郎に関するエピソードである。

　大塩が決起した朝、山崎は、玉造定番遠藤但馬守の命を受け、町奉行跡部山城守に加勢するために出陣、淡路町一丁目と堺筋で大塩勢と銃撃戦を交える。ところが急いだために普段、懐中に入れる守袋を忘れたのに気づく。そこで淡路町近くの地蔵堂から、地蔵が被っている頭巾を借用、護持して戦った。その場での激しい銃撃戦で耳を打たれたと思ったが、不思議なことに怪我はない。三日後に帰宅、件の頭巾を出してみると、なんと頭巾に鉄砲穴が開いていた。普段から地蔵信仰の篤い弥四郎は、これを見て歓喜したという。

　六年後の天保十四年四月、玉造稲荷社内十輪庵で一万人勧進をおこなっていた融通念仏宗清慶寺（八尾市）の楽山上人のもとで弥四郎は、亡き妻の七回忌のために日課念仏を授けられる。あわせて楽山感得の地蔵尊像を与えられた。その後、軸装した地蔵尊像を掛け、延命経と普門品弥陀の法号を唱えるうちに眠る。そこに地蔵尊が現れ、餓鬼をふたり抱えていたのを見て目が覚めた。地蔵尊のご利益で、幼い姉妹を残して死んだ哀れな妻の苦しみが、これで救われたと感謝した弥四郎は、弘化二年（一八四五）には、みずから地蔵尊像を描き、楽山に捧げ、楽山はそれに開眼供養したという（小谷利明「清慶寺楽山上人と山崎弥四郎について」『大塩研究』三八、一九九七）。

　楽山自筆の『清渓随筆』には、さらに大塩の菩提を弔う話が出る。天保十四年、天満与力金井塚氏の夫人真連院が日課を請けに来るが、この人は大塩平八郎に縁のある人。その七回忌にあたり、罪人として、これまで俗名で菩提を弔ってきた大塩親子七人に法号を名付けてもらいたいと頼んできたというのである。

竹垣直道と坂本鉉之助

大塩の蜂起が、大坂の武士を勝者と敗者に二分したのは間違いのない事実である。直後の天保八年（一八三七）八朔版御役録の裏面には、元大塩格之助屋敷跡、元瀬田藤四郎屋敷跡、元渡辺良左衛門屋敷跡という表示がみえるが、いずれも大塩平八郎にしたがい決起した与力・同心たちである（図／御役録の裏面）。その一方で、内山や坂本のような勝者がいる。譜代となった坂本は、幕府鉄砲方として、住まいも玉造の組屋敷から桃谷の五十軒屋敷に移っている。幕末大坂の名所案内として知られた田中華城『大阪繁昌詩後編』（慶応二年〔一八六六〕刊）に、それが紹介されている。「瓦屋町に北走の小径あり」として、つぎのように書く。

> 林間の小径を過ぎ東には涸濠あり、先に豊公の鑿つ所、北に同心邸あり。これを五十軒屋敷と称す。涸濠はいま杏桜桃を栽える。阪本氏なるものあり。天保八年春二月、銃にて塩賊の党を殪し、城与力より旗本となる。その邸涸濠に対す。（原漢文）

そんな譜代の旗本である坂本と交誼を重ねた代官がいる。天保十一～弘化五年（一八四〇

〜四八)まで谷町代官であった竹垣直道である。代官岸本荘美の四男として生まれ、名代官といわれた竹垣直清の養子となった直道は、天保八年、陸奥・常陸国を統べる代官となり、大和五条の代官をへて、十一年、大坂代官となった。当年とって三十六歳。対する坂本は十四歳年長の五十歳である。その竹垣が、大坂在任中の日記を残しているのである(『大坂代官竹垣直道日記』一〜四、二〇〇七〜二〇一〇)。

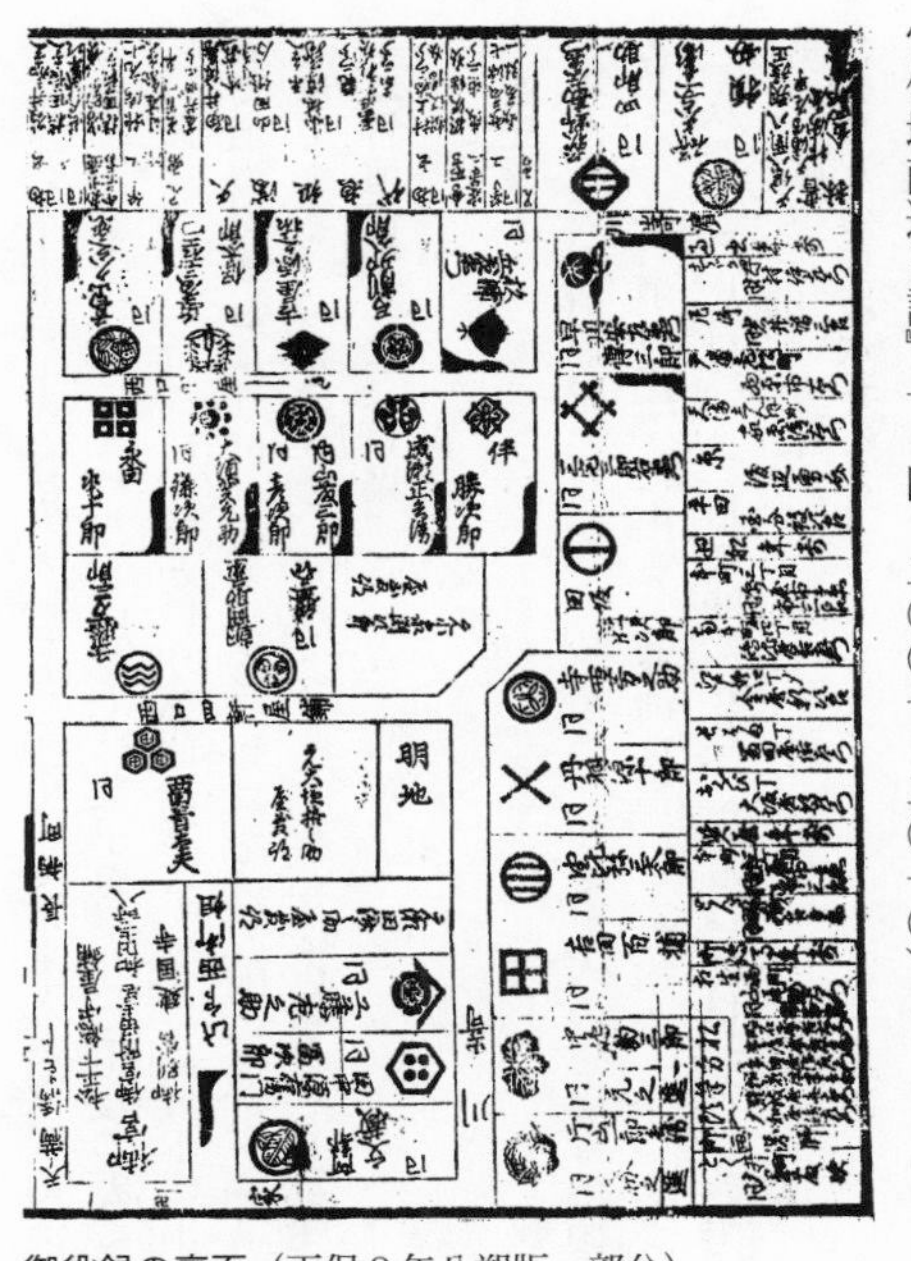

御役録の裏面(天保８年八朔版。部分)

坂本の名は、十三年元日の年始廻勤のなかにみえるが、それが並の付き合いを超えていたことは、「大坂乱妨の節、褒美として遠藤但馬守殿より呉れられ候志津三郎兼作の刀一覧」(十三年二月八日)、「水戸殿より頂戴いたし候由、弘道館の碑跡持参一見」(十三年三月九日)、「坂本へ文通、蘭説の書三冊返す」

（弘化元年十二月十三日）といった記事にみえるとおりである。桃の花が咲いたといえば誘われ、出張中に手に入れたといっては菓子を贈り、相互の妻にも会うというのは、いまふうにいえば、気の合った仲間という風情である。さらに坂本に出入りしていた按摩だということで治療を頼むように、坂本のもつ知縁を最大限に活用している。「尾形幸庵、坂本より世話にて来る、診察致させ、おかよ（娘）をも見せる」（十二月二十七日）と、蘭医緒方洪庵も『竹垣日記』には登場する。

逸史講

そんな坂本の知縁のなかで、竹垣にとって最大の恩恵は懐徳堂教授並河復一との出会いであろう。『竹垣日記』に出る「並河を招いての講義」が、それである。講義は天保十三年（一八四二）正月二十三日に開始され、二月は四日、九日、十四日、十九日、二十三日と五回、三月も三日、九日、十三日、二十三日、二十九日と五回、開催されているが、その橋渡しをしたのが坂本である。

並河復一（寒泉）の漢文体日記『居諸録』（天理大学附属天理図書館蔵）の正月十四日条に、「江戸から大坂に赴任している幕臣を含め九人で、先生に逸史の講釈をお願いしたいのですが」（原漢文）と頼まれた記事がみえる。そして十九日には、再度、坂本が来て、初回は二十三日で、以後、九人の家を回るということで約束が整っている。その九人とは破損奉行榊原太郎左衛門と石渡彦太夫、弓奉行鈴木次左衛門、鉄砲奉行金井伊太夫、金奉行近山藤四郎、蔵奉行比留間兵三郎、代官築山茂左衛門と竹垣、それに坂本である。彼らの役宅は、川崎・御弓町・いさり松・鈴木町・谷町・桃谷と、天満から上町にかけて点在している。一回りすれば、「武士の町」大坂を辿るコースとなる。

逸史講と名付けられた講義の当初のテキストは、懐徳堂主中井竹山が著した徳川家康の一代記『逸史』であるが、途中二月からは『貞観政要』も加わり、午後に『逸史』、夜に『貞観政要』と、二コマになる日もあった。新見も当時の塾主中井七郎を招いて、与力・同心たちに『貞観政要』の講釈を聞かせているので、江戸から大坂に赴任する幕府役人にとって、懐徳堂主を招いての講義は、特別なケースではないようである。しかもテキストまで一致し、『逸史』は新見も求めたものである。

懐徳堂は中井竹山・履軒兄弟のころに隆盛を迎え、大坂を視察した老中松平定信に竹山が『草茅危言』を献じたことで知られるが、その功績もあって、単なる町人の私塾から幕府公認の塾へと発展した。竹垣が懐徳堂と書かず、「今橋学校」と書くのはそのためである。「町人の都」とされる大坂のど真ん中に、幕府公認の学校があったのである。大坂の武士たちが利用しない手はない。先に触れた内山彦次郎もまた、天保十二年八月以降、並河に出講を求め、『孟子』の講義を聞いている。

新見は、『逸史』の写本を求めたが、刊本は懐徳堂版として寛政十一年（一七九九）に一度、版行されている。つぎの版行は天保十三年で、開講前に竹垣が本多為助から借りた『逸史』一三巻は、このどちらかの版本と思われる。ところが天保十三年六月二十九日に、竹垣

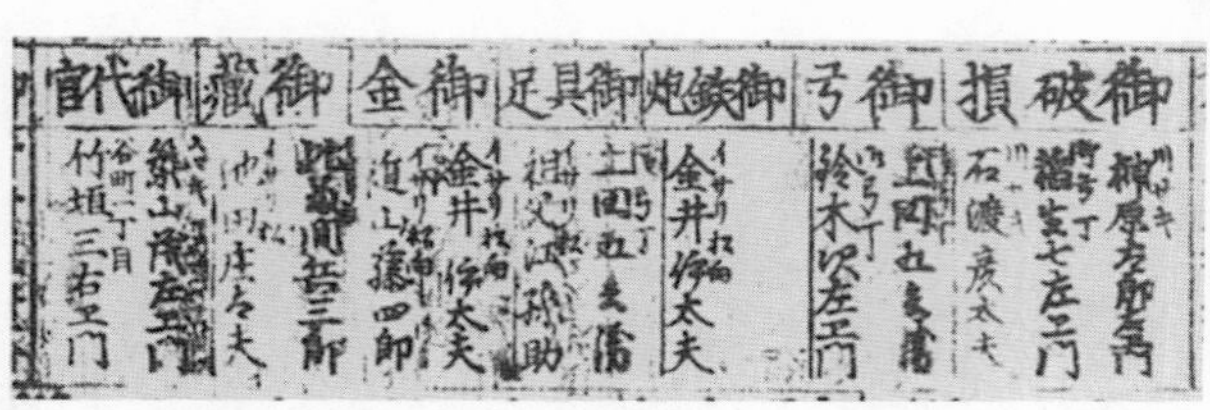

御役録二段目に見える地役

が尼崎屋又右衛門から「逸史上木（出版）」のことを聞き、さらに同十五年正月には直接、中井修治・並河復一のふたりから出版の件を聞いている。『居諸録』には、郡監竹垣が「新鐫（しんせん）両三紙」を持って帰ったとあるので、出版の用意は整っていた。こうして出版されたのが、嘉永元年版である。

地役仲間

逸史講のメンバーである破損奉行榊原と石渡、弓奉行鈴木、鉄砲奉行金井、金奉行近山、蔵奉行比留間、代官簗山と竹垣という氏名は、御役録では二段目の左に並んでいる（図／御役録二段目に見える地役）。破損奉行以下は大坂城六役と呼ばれ、大坂城の保全・修復・管理にかかわったが、代官を加えて「地役」とも呼ばれた。町奉行新見は年始の挨拶を「地役廻勤」と書き、竹垣は自分たちに宛てられた城代の廻状を「地役廻状」と呼んでいる。江戸から派遣された武士にもかかわらず「地役」というところに、「武士の町」大坂のなかでの地位を象徴している。大坂の武士に階層差があったことを教えるのも、『竹垣日記』である。

興味深いことに地役である竹垣の日記に、西町奉行として赴任する久須美祐明の名がみえる。天保十四年（一八四三）六月二日午後、伏見から夜船でやってきた久須美は八軒家に到着後、ただちに本町橋端詰めの西町奉行所に入る。それを待っていたかのように、八ツ半時（午後三時ごろ）、竹垣は西町奉行所に赴き、「夕刻より夜五ツ時過ぎまで談話、退散」する。それに対し久須美は、「長物語、夜五ツ半時過帰宅、深切には候へとも、実は当惑の次第なり」と記す。長旅で疲れたうえに、長話をされてはたまらんという口吻であろう。

この日を境に、『竹垣日記』に久須美の名が頻繁に出るが、その交流の頻度は、何を物語っているのか。

その理由は、久須美が本来、奉行職にふさわしい家柄ではなかったからである。新見の知行高八一一石余に対し、久須美は三〇〇俵。まさに月とスッポンである。片や新見は、三十歳代にして目付から町奉行になるが、久須美は七十三歳にしての町奉行である。わずか三〇〇俵の大坂町奉行も珍しければ、七十歳を超えた奉行も空前絶後。持って生まれた身体強健、先祖以来の質実剛健の美質、それに加えて天保改革の追い風が、久須美を七十三歳にして大坂西町奉行にしたのである。

みずから「御目見以下より取立の身分」と『浪華日記』になんども書くように、幸運が後押ししなければ、知行三〇〇俵の久須美も、地役たちと同様な役職に就いていたと思われる。それを証明するように久須美には、竹垣はじめ旧知の人びとが大坂に複数いた。エリートの新見には考えられない人脈である。大坂町奉行を任じられた直後の天保十四年三月十九日、「吹聴廻り届」の宛先は、竹垣・簗山・金井・杉浦・宮寺で、いずれも地役である。

彼らとの間柄を証明するように、到着後、久須美は出先の各所で地役仲間に出会い、旧交を温める。十九日には難波御蔵で池田庄太夫と、玉造御蔵では比留間兵三郎（ともに蔵奉行）と、二十三日には簗山茂左衛門、二十四日には西井源次郎（鉄砲奉行）といった具合である。ある者は自分と同じ世代、またある者は実父や養父が久須美と同世代で、すでに父親たちは故人となっている。いずれにしても「旧来馴染筋にて長物語」し、「若やぎ候間笑話に及」ぶ。その侍仲間に、譜代で大坂鉄砲方の坂本鉉之助も、本多為助も入っている。

師匠と相弟子

久須美と竹垣ら地役人、および坂本たちを結びつけていた要因は、ほかにもある。それは竹垣には龍太郎という嫡男、久須美には正一郎という孫、坂本には養子の邦之助という若者がいたからである。逸史講にも坂本と竹垣は父子で参加しているが、「龍太郎鉄砲稽古参る、坂本へ文通」（天保十四年二月十九日）、「久須美へ立寄る、龍太郎・正一郎鉄砲稽古致す」（七月十日）というように、鍛錬は文武にわたっている。久須美正一郎は当時十八歳、竹垣龍太郎も坂本邦之助も、おそらく同じ年恰好であろう。彼ら若者が、この機会とばかりに武術に励んでいる。その稽古場が武術は久須美宅、砲術が坂本宅であった。地役仲間の若き侍たちが、大坂の地で、たくましく育っているのである。

若者たちの学習熱は、同十四年十二月二十日、久須美祐明の次男順三郎祐義が大坂に来るに及んで一段と高まる。奉行の職務に多忙な祐明と異なり、「厄介者」である祐義は、槍・剣に優れていたようで、大坂でも龍太郎をはじめ門人を多数とっている。いずれも地役の倅や孫たちである。そこで祐義は「龍太郎稽古役采石（さいせき）」、あるいは「采石先生」と『竹垣日記』に出る。

彼らの間柄を語る印象的な場面を『竹垣日記』から、二つ紹介する。一つは同十五年四月二十九日、天満川崎町にある破損奉行杉浦重郎左衛門方に、竹垣と久須美順三郎がそれぞれ手製の寿司を持ち寄っての宴席。竹垣の娘おかよ（大坂にいる）を、順三郎の息子正一郎の嫁にする話が持ち上がっている。両者の家格は、釣り合っているのである。

いまひとつは、十月二十五日、竹垣宅の稽古場を修繕したうえでの稽古場開きの席。参府した久須美に遅れて大坂を出立する順三郎の代わりの師匠を頼まれた坂本鉉之助組同心西小弥太とともに出席したのは、竹垣をはじめ、設楽・西田・比留間・近山・宮寺・西・西井といった地役仲間の倅たちである。早速、居合・打ち抜きの稽古がおこなわれている。

いよいよ出発の十一月十九日朝、竹垣は、久須美順三郎父子を見送るために坂本鉉之助と同行して京街道を守口宿まで出向く。龍太郎も相弟子たちと、一足先に出発している。

第七章　大坂暮らし

日記と天候

本章では大坂の武士たちの暮らしぶりをみる。日々の暮らしがわかるのは、日記である。日記は、天気とセットになっている。いま、わたしがつけている三年連用日記にも、日付のあとに天気の欄があるが、藤原道長の『御堂関白記』にも、天候が書かれる。具注暦という暦に書き込まれたからであるが、このスタイルが、日本の日記帳の原型を作ったのである。したがって日記を集めれば、天気情報を得ることができる。

ただし注意すべきは、その場合、記録者の住んでいる地点の天候であって、南北に長い日本列島のすべての天候情報ではない。それにしても日記のおかげでわたしたちは、日本の気候変動をかなりの長期にわたって知ることができる。だれもそんなことを考えて日記をつけていないだろうから、人びとの営みがもたらす思いがけない効果である。

とくに小説家は、事件・風景を書き表すという仕事上、日記が必要である。吉村昭のエッセイ『史実を歩く』（一九九八）のなかに、日記の効力を余すことなく語った一節がある。吉村氏には、幕末三部作と称された作品のひとつ『桜田門外ノ変』がある。いうまでもなく安政七年（一八六〇）三月三日の早朝、登城する大老井伊直弼を、水戸・薩摩の浪士が襲撃した事件で、この日は朝から雪だったことはよく知られている。しかし吉村は、その雪が「いつ止んだか？」にこだわった。なぜなら、それがいつ止むかによって、その日、浪士たちがどこまで逃亡できるかが推定できるからである。終日降っていれば、逃走できる距離は限られている。しかしほどなく止んだのであれば、その後、逃走距離は長くなる。襲撃者の事件後を扱った作品にとって、いつ雪が止んだのかは決定的に重要な情報であった。

　そこで氏は、手づるを頼り、歴史家にも問い合わせ、またみずからも調べ、やっと一点の日記に辿りつく。その日が雪であったことを記した日記は山ほどあるが、江戸で、いつ止んだかを書いた日記は、わずかに一点であったという。その日記とは、啓蒙思想家で知られた西周（にしあまね）の妻升子（ますこ）の日記である。そのなかに「九ツ過頃はやみたり」とある（川嶋保良『西周夫人升子の日記』二〇〇一）。雪は昼過ぎには止んでいる。これを確認することで、小説『桜田門外ノ変』の文庫版は、単行本の「八ツ」から「九ツ」に訂正された、と吉村はいう。

『新見日記』も、いつの日か、作家の役に立つかもしれない。その天候記事は、「快晴夜中強雨」「朝風雨四時過より陰晴」といった記述に確かめられる。そんな二年余の『新見日記』のなかで、異変が一度ある。それは、文政十三年（一八三〇）七月二日に京都を襲った地震である。もちろん大坂も揺れた。『手日記』に「陰晴、七時過地震、夜中もゆる」とある。午後四時ごろに地震が起こり、夜中まで余震があったというのである。それに続けて「京都未曾有の大地震」と、震源が京都であったと記す。

　新見の日記には、もうひとつ著名な事件が書かれる。おかげ参りである。文政のおかげ参りと称され、四〇〇万人もの人が参詣したとされる大事件であるが、このとき、ちょうど大坂城代の巡見が予定されていた。文政十三年閏三月二日条に、「この節伊勢参宮拝礼人夥(おびただ)し、河州泉州より出る雑人群集(ぞうにんぐんじゅ)混雑いたし」とある。大坂からの伊勢道は玉造から東に直進し、闇(くらがり)（暗）峠を越えて大和に入るのであるが、その道中に、河内・和泉から参詣人が殺到しているのである。結局、この巡見は「天気相」、つまり天候が悪くなりそうだとして夕刻、順延となった。はたせるかな二日は「曇り、昼後より雨」、翌三日も「終日雨」である。

大坂の四季

さてつぎに、いくつかの日記をもとに大坂の四季を描いてみよう。武士も町人も、身分は違うが、同じ大坂の空の下に暮らしていたのである。

新見は文政十二年の八月十五日から日記をつけはじめるが、その日は「陰晴、夜ニ入快晴、月光如昼」という天候であった。陰暦では、すでに初秋である。二十日には「曇風冷気」とある。したがって新見が初月番となって大坂市中を巡見する九月は、まさに秋の最中。十月には三日に「御母公様」が天王寺・住吉に参詣、十一日には嫡男房次郎が諸口(もろくち)村に菊見に出かける。両日とも快晴、清々しい秋空が広がっている。

二代目暁鐘鳴文、松川半山画の一枚刷『年々改正浪華名花日どり案内』によると、菊は九月十二日の西照庵から十五日の梅屋敷にかけてが絶好とある（図／『年々改正浪華名花日どり案内』）。したがって十月十一日では少々遅い気もする。天王寺村のなかにあった西照庵

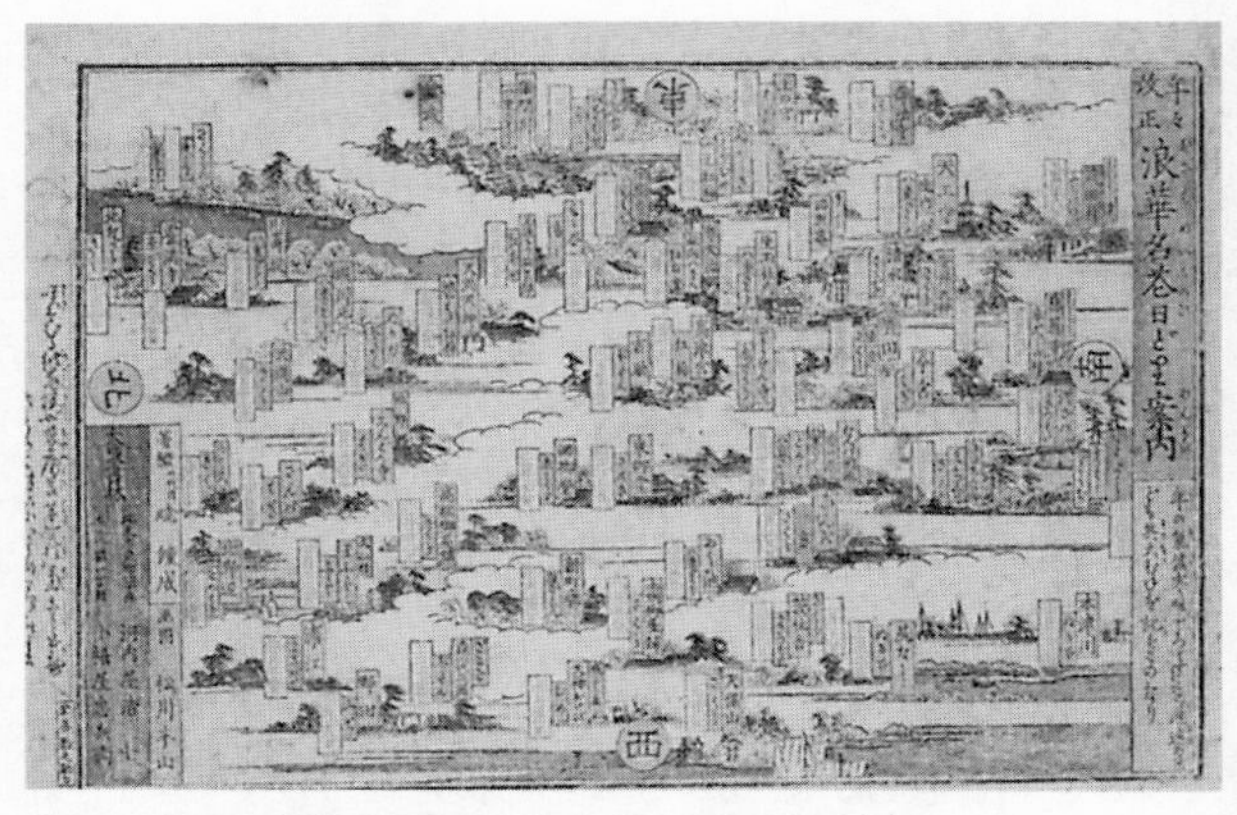

『年々改正浪華名花日どり案内』（関西大学図書館蔵）

は、梅屋敷と並ぶ菊の名所で、代官竹垣直道は天保十五年（一八四四）九月二十九日、天王寺への往復の途上、双方の名所に立ち寄るが、「菊花盛り」「満開」であった。九月下旬の大坂には、秋の気配が漂っている。

　ところが二ヵ月後には、すでに真冬である。十二月十二日に「寒入り」と書いた新見は、翌十三日には泉水に氷を見る。あろうことか、大坂の本町橋袂の役宅の泉水に氷が張っている。そして十九日夜には霰（あられ）まじりの雨が降り、明けた二十日は終日晴れで風、厳寒の一日であった。二十四日には折々雪が降り、厳寒のなかで年が明ける。

　文政十三年正月元日は快晴美日であったが、五日には霰・雪が降る。その後も雪は正月十一日、二月六〜七日と降っている。大坂市中でもこの程度の降雪であるから、郊外の山野には雪が積もった。二月四日「見渡する。

山々雪初めて見ゆる」と新見は、雪化粧した信貴・生駒や北摂の連山を感慨深げに眺めている。

雪は二月十八日にも二十日にも降るが、それは春の雪である。房次郎が住吉に小松を引きに行った正月十日に「暖和」とあるように、三寒四温が繰り返され、季節は春に移っていく。はじめて天王寺舞楽を見物した二月二十二日は快晴美日、二十六日は快晴暖和である。『年々改正浪華名花日どり案内』によれば、正月八日には早咲きの梅が梅屋敷で見ごろとなり、梅見の季節。二月に入ると十七日の鶴満寺の糸桜を皮切りに、つぎつぎと桜が市内の各所で咲く。二月はまさに桜花爛漫の候である。舞楽見物に天王寺へ向かった新見は、その途上、大坂の桜をはじめて見たに違いないが、それにはいっさい触れていない。それに代わって証言を残すのは、代官竹垣直道である。

この御仁、代官という堅い役職にもかかわらず、和歌を詠み、大坂では歌人として名高い村田嘉言に師事している。古来、花は歌の題材である。そこでいきおい彼の関心は、大坂の桜の名所へと向かう。その日記によれば、天保十三年には三月二日に、地役仲間の比留間兵三郎宅に招かれ、「庭中の花一覧」、帆懸桜という老樹はまさに「花影よし満開」である。花を折ってもらい受け帰宅する。天保十五年には二月十七日に鶴満寺の桜を見るが、彼岸の単(一重)桜は咲くも、八重はまだである。前日には、桃谷に住む坂本鉉之助から満開の桃花を見るようにとの誘いがあった。桃と桜は踵を接して開花している。ところが十日たった二十七日には、比留間邸の帆懸桜が満開である。二年前よりも五日早い。

大坂で桜といえば桜ノ宮である。『名花日どり案内』には、二月二十八日に一重、三月三日に八重が見ごろとある。弘化二年（一八四五）は、まさにそのとおりであった。竹垣は船で川浚い所の見回りに出た帰路、船から桜ノ宮を遠望するが、山桜は満開である。

その後、『名花日どり案内』は、三月中旬の牡丹と藤、五月はじめの杜若（かきつばた）と続くが、『新見日記』の文政十三年（一八三〇）四月五日条には、赤川村の杜若を山村与助を通じ城代に献上したとある。

そして五月に入ると梅雨である。堤奉行でもある竹垣には、淀川の水位の上昇が気になるころである。そんな五月半ば、坂本鉉之助宅に招かれるのが慣例となっていた。天保十五年（弘化元年）、弘化二年、同三年と続けて坂本宅を訪問するが、弘化三年五月十五日の天気は「晴れ昼後雨」。これに触れて「いつも雨降る、桃谷の新緑風光同じく懐旧いたす」と記す。竹垣の目の前では新緑が、しとしと降る雨に打たれているのである。日も当然、長くなっている。谷町の役宅への帰館は、夜の十時と『日記』にある。

さまざまな夏

こうして季節は夏へと移り変わっていく。新見は文政十三年（一八三〇）五月二十三日に暑気と書くが、代官竹垣は、天保十二年（一八四一）五月二十七日、検地用務で出張した裏六甲の山中で炎暑と闘っていた。引用すれば、「暑気炎の如く、堪へがたし、小さき虻（あぶ）夥しく出、煩し」とある。読んでいるこちらまで汗が滴り落ちそうだが、さらに「今日は終日、山野を歩く、炎暑を冒して苦身煩労、汗衣を絞るといへとも風呂もなし」という有様。代官という役目の苦労はまさにこの日にある、と認める竹垣である。竹垣の苦労を思えば市中の暑さなどいかほどのものか。

この大坂市中の暑さについては、久須美老人の証言がある。彼は天保十四年六月二日の真夏に大坂に着き、西町奉行所に入ったが、六月中には、暑さに触れた記述がない。ところが七月一日に入って「暑気凌ぎ兼ねる」と書く。座敷もきれいで庭もよいが、床の間が西を向いているので暑気が強い、というのである。

たしかに東西を棟にする西町奉行所は、夕方、西日が奥の御用談之間までも差し込む。その西日が、大坂の残暑をことのほか厳しくしていると、江戸生まれの老人がこぼしている。七月十二日には行水を遣い、暑気払いを用いている。月末二十六日にも、「夜に入り行水、二階火の見へ上がり酒食を用ゆ」。この残暑には相当、参ったようで、翌年七月十一日の江戸留守宅宛手紙に、「昨年の通り酷暑、別して夜分冷風なく汗出るほど」と報じる。両国に住み、夜分には海からの風が吹いていた江戸とくらべた実感であろう。食通で大坂のグルメを楽しむ久須美老人も、さすがにこの暑さは堪えたとみえる。

そんな大坂でも大川に出れば、風が通る。夜に船でも浮かべれば、最高の避暑となる。ところが町奉行には、それができない。そんな気楽な夏の夜を過ごせるのは、身軽な蔵屋敷の役人か、旅人くらいである。久留米藩蔵屋敷の若い役人吉村辰之丞は、そんなひとりで、六月十一日に江戸堀で涼んだかと思えば、二十七日には土佐堀川の柳川藩蔵屋敷の浜で乗船、二十八日には薬師の夜市、七月十日には播磨屋と同行して瓢遊軒（ひょうゆうけん）で会食。食後、船に乗り難波橋下で涼む。二十一日にも長堀から乗船し、木津川と尻無川の合流点の松ケ鼻（まつがはな）で涼むという有様である（『大阪勤番中公私日記』）。片や幕府直臣の町奉行、片や外様大藩の蔵屋敷役人、身分も違えば、住む世界も違うからいいものの、もし同じ世界なら羨むこと間違いない。

吉村同様、気楽な身で大坂の夏を活写した人物がいる。幕末の浪士清川八郎である。庄内藩で生まれ、その後、江戸に出るが、生来の旅行好きから、諸国見聞を重ねたと自慢する人物。その清川が安政二年（一八五五）、母をともなってひと夏、京坂で過ごした。京都では祇園祭、大坂では天神祭りを見るのが目的であるが、その彼がいう。大坂の夏は、舟遊びに限る。巧みな表現を引用すれば、「船遊びは誠に大坂の至楽、遊覧者必らずいたるべし」（『西遊草（さいゆうそう）』）と。

二〇一〇年七月二十五日、わたしも彼がいう「至楽」を経験した。天神祭りの船渡御（ふなとぎょ）に参加したのだが、乗ったのは、道真公を供奉（ぐぶ）する天神講のひとつ大阪書籍商からなる御文庫講がチャーターした船。船が動き出すと風が心地よく、うだるような炎暑も和らぐ。大阪の空も広いと、再発見する。これまで陸（おか）や天満橋の上から祭りを見ていた感覚と、水上ではおおいに違うのである。これが、清川のいっていたことかと納得した次第である。

初午

大坂に暮らす武士にとって、体験する大坂はひとつではなかった。参加する年中行事が、異なったからである。町人と武士の年中行事の違いは、容易に想定できるが、武士にもまた違いがあった。違いを明瞭（めいりょう）にするために、表を掲げた〔表／年中行事の比較〕。もとのデータは、それぞれの役職者の日記にもとづく詳細なものであるが、ここでは摘要である。

時期は城代が宝暦年間（一七五一～六四）、加番が明和年間（一七六四～七二）、町奉行は文政年間（一八一八～三〇）、代官は天保・弘化年間（一八三〇～四八）、定番は万延年間（一八六〇～六一）と、早いものと遅いものでは百年の開きがある。この点、留意する必要があるが、年中行事とは連続性と守旧性の強いものであるから、大きな誤差にはならないだろう。

まず表を横に眺めると、共通部分がみえてくる。第一に、初午を含む稲荷社の祭礼がある。稲荷は屋敷神であるから、それぞれの屋敷にあったので、祭事も共通する。長堀に住む銅吹商住友は、初午に朝日神明社内の稲荷に参るが、新見も屋敷稲荷に参拝、代官竹垣は休日にしている。城方の役職者では定番が中屋敷で初午を、そして上屋敷で二の午を祝っている。年が違えば初午の日は動くので、日付は同じではない。

これに対し佐賀藩蔵屋敷では六月十四～十五日、九月十四～十五日に、屋敷内の稲荷社で祝う。とくに六月十四～十五日の祭礼は有名で、『摂津名所図会大成』にも絵入りで紹介されている。先の清川も、「浪花にては尤とも追涼のきそふところにて、一面の涼棚（すずみだな）あり」と『西遊草』に書く。

佐賀藩蔵屋敷は、『大坂武鑑』では天満堀川西之部に入れられ、堂島川に面してあった。

両日は、表御門と浜御門ともに開放され、門から稲荷までの参詣道には造物（つくりもの）が飾られ、神前には供物がうずたかく供えられた。夜になると大提灯が灯され、花火が打ち上げられ、昼夜となくおびただしい参詣人があった。これらの経費はすべて、蔵屋敷の負担である。時期も夏の最中、場所も堂島川に面した鍋島浜、夕涼みにはもってこいである。したがってこの稲荷祭礼は別名、鍋島浜の夕涼みとしても知られた。漢詩人篠崎三島（しのざきさんとう）は「紅燈水簟夜涼多、風光一段堪奇勝」と詠んでいる。

この名物行事について、おそらく最後の町人学者であったと思われる伊勢戸佐一郎は、「侍も町人も一緒になって夏の夜を楽しんでいることをみると、「町人の都」であった大坂の自由な空気に感嘆せざるを得ない」と解説する（「佐賀藩大坂蔵屋敷の建築と年中行事」『大阪の歴史』二五、一九八八）。

これに対し、わたしは二月の初午に注目する。表には城代に該当箇所がないが、久須美祐明は「前々よりの仕来りで、御城代・両御定番下屋敷、町奉行屋敷へ参詣いたさせる」と、天保十五年の初午に関連して書いている。初午の日には、城代・定番・町奉行屋敷、とくに城代・定番大名の場合は、城外の下屋敷の稲荷を町人に開放するというのである。久須美は「宵宮（よいみや）には午後四時ごろに裏門を明けて参詣を許す。昨年は裏門から入れ、表門に抜けさせたが、いかがと思うので、今年は、出口は表門並びの南の切抜け門とし、通路に幕を引く」としている。

第四章で紹介した「西町奉行所図」と照合すると、豊後町に面した裏門から入り、家中長

代官	城代	加番（青屋口）	定番（京橋口）
正・7御用始	正・13年始振舞	正・元旦弓始	正・元旦与力ら年始
			正・3射初・馬召初
2・9休日		2・11玉造辺遠乗り	2・11中屋敷祭礼
			2・23上屋敷二の午
			3・10、10・10
			11・25出生守請
正・3拝礼 6・28休日	正・17下屋敷 5・11、9・11祈禱	6・28札留	正・14神主より木札 6・28初穂、札留
正・3拝礼	6・28祭礼物見		正・14神主より木札
6・25休日	6・28祭礼物見 9・25流鏑馬	正・6神主祈禱 6・25札留	6・25初穂、札留 9・25祭礼、初穂
	6・28祭礼物見	6・30札留	正・14神主より御札 6・晦日初穂札留
		6・22札留	6・21～22札留
8・15半引き			
9・15舞楽見物			2・21会式札留
		7・21札留	5・27、9・晦日札留
正・2 4・17休日	正・17、4・17	正・17、4・17	正・17
正・3、3・18	正・10、4・20 5・8、6・20	正・10、4・20 5・8、6・20 7・15	正・10、正・30 2・24、7・15 8・8
正・2	4・30、6・12 10・14	4・30、6・12	正・24、4・29 7・15、10・14
			正・10、7・13
			正・18、10・18 藩祖本多忠勝祭礼

年中行事の比較

行事／身分	住友	蔵屋敷	町奉行
正月	蔵開き	町・船・与力年始	正・11御用始
とんど	正・15		
初午	朝日稲荷		2・11屋敷稲荷
稲荷祭礼		6・14〜15 9・14〜15	
金毘羅祭礼			
大融寺		正・11祈禱	
生玉社		正・15、5・15 9・14南坊祈禱	7・7祭礼
玉造稲荷		正月、屋敷稲荷	
太融寺			
天満天神 (天満)		6・24〜25札留	6・25御用日延期 **6・25休日他行留**
住吉社	6・28	6・29〜30	
高津社（南）	6・18、9・17		
座摩社（北）	6・21		6・14休日
御津八幡（南）			
聖霊会（四天王寺）			**2・22舞楽見物**
地蔵祭り	7・24		
庚申			
ふいご祭り	11・8盛大		
九昌院 (建国寺)	4・17東照宮祭礼		正・17、4・17 **6・17**
四天王寺			正・10、5・20 6・20
専念寺 (浄土宗)			正・24、4・30 **6・12**、10・14
一心寺			

注：詳細は藪田貫『近世大坂地域の史的研究』2005、清文堂出版参照。太字は『久須美日記』による。

屋と主殿を囲む土塀の間を南下し、右に折れると馬場にいたり、そこを直進したところに切抜け門があったと思われる。途中、馬場付近には馬見所があったが、新見正路は、ここで腰掛を出し、茶を町人に振る舞っている。それは東町奉行に倣って導入したものだが、造物をして飾るのは恒例としている。町人を屋敷内に入れ、造物をするのは先の佐賀藩蔵屋敷と同じである。

代官屋敷も同様であった。竹垣は天保十四年の日記に、「御改正の時節、もとより相当と思えず、当年は立ち入りさせず、祭祀もごく手軽にした」と、天保改革を意識して規制を加えている。しかしである。二年後の弘化二年の初午では、「仕来りのとおり裏門通用にして稲荷へ参詣させる」と書いている。

幕末に書かれた『大阪繁昌詩』で作者の田中金峰（田中華城の子）は、「上午ハツウマ春の遊び、城辺もっとも繁昌、この日、東西の二府大門を開き、万人これを観るを許す」（原漢文）と書いている。初午の屋敷開放は、「武士の町」大坂のひとつの伝統となっている。

玉造稲荷と川崎東照宮

この初午を含め、稲荷社の宗教的権威は武家にとって不可欠であった。それを教えるのは、京橋口定番本多忠鄰の記録（家老が執筆）である。それによると万延元年（一八六〇）、本多家では二月十一日の初午当日、中屋敷稲荷に栗岡上総と持宝院を招き、奥様・御子様列席のうえ、祭礼を挙行する。上屋敷にいる殿様は、雨天のために出席しなかった。下屋敷の稲荷が町人に開放されていることを考慮するとき、中屋敷で、定番大名の家族と家中が稲荷祭礼を祝っているのは興味深い。彼らは開放空間と閉鎖空間を、下屋敷と中屋敷・上屋敷とで分離できたのである。しかし、それができない町奉行は、屋敷稲荷社の公開を苦々しく思っても耐えるほかない。

　ところで祭礼であるから祭祀者が要る。前記の栗岡は、大坂の稲荷社を代表する玉造稲荷の神主。持宝院は不明だが、西町奉行所内の稲荷祭礼を執行するのが天満在住の本山派修験万宝院であるから、同様なものと推測していいだろう。上げられた賽銭（さいせん）は、すべて彼らのものである。

〔表／年中行事の比較〕を横に眺めると玉造稲荷は正月十四日、祈禱（きとう）した木札を定番本多に献上している。それ以上に武家の祭祀にかかわるのは、生玉社である。蔵屋敷では正月、五月、九月に生玉南坊から祈禱を受ける。代官は正月三日に拝礼、城代も正月十七日に札をもらって下屋敷に貼り、五月と九月には祈禱をあげる。その極めつきは、万延元年十一月に女子が生まれた定番本多氏にうかがえる。二十四日夕方に生まれ、二十五日には守護札を受け、二十八日には「名撰」、つまり命名をしてもらうが、その相手が生玉社の神主である。いわば在坂武士たちの儀礼のなかに、難波大社とされた生玉社がきっちりと入り込んでいたのである。大坂の寺社もまた、「武士の町」にふさわしく機能を分担していた。

　将軍家の場合、その役割は、川崎東照宮と歴代将軍の菩提所であった四天王寺と天満専念寺が担った。川崎東照宮は、大坂夏の陣後に大坂に入り、大坂藩主としてしばらく治めた松

川崎東照宮（東光院萩の寺蔵。大阪城天守閣提供）

平忠明が元和三年（一六一七）に建てたものと伝えられ、大坂が幕府直轄地になってからも忠明の子孫忍藩松平氏が管理した。その祭祀を担ったのが別当寺九昌院で、のちに建国寺と改められた（図／川崎東照宮）。新見たちは「建国寺　御宮へ拝礼」と書く。

　川崎東照宮の祭礼の最たるものが、四月十七日、徳川家康の祥月命日に執行される祭礼である。〔表〕にも、蔵屋敷を除き、すべての武家にみられる。これをみると、主人が鍋島侯である佐賀藩蔵屋敷だけが、別の世界にいる。

　文政十三年（一八三〇）のこの日、新見は前夜より身体を清め、熨斗目裃着用の正装で午前七時ごろ、役宅を出、建国寺に向かう。拝礼、金一〇〇疋を供える。一方、代官竹垣は天保十四年（一八四三）、相役代官築山茂左衛門ら地役仲間を誘い、御宮拝礼、町奉行や定番に会って挨拶する。また明和年間（一七六四～七二）の加番京極高久は、加番一同と大番頭をともなっている。

四月十七日のこの日、大坂にいる幕臣たちはこぞって建国寺に参詣し、東照宮を参拝するのである（もちろん町人にも参拝は許され、権現祭りと称された）。まさに「異国」大坂で、幕臣のアイデンティティを確かめ合っているといえる。このとき『大坂諸絵図』の一枚「建国寺拝礼絵図」が、参拝のマニュアルとなる。

東照宮は別格として歴代将軍の菩提所参詣が、どの程度おこなわれていたかを〔表〕から見るのも興味深い。彼ら武士たちの「仏心」のほどが知れるからである。

〔表〕を横断してみて多いのは、四天王寺は正月十日、四月二十日、六月二十日、専念寺は正月二十四日、四月三十日、六月十二日、十月十四日というところだろうか。正月十日は五代将軍綱吉、正月二十四日は二代秀忠、四月二十日は三代家光、四月三十日は七代家継、六月十二日は九代家重、六月二十日は八代吉宗、そして十月十四日は六代家宣の祥月命日である。

家康だけは別格として、他の将軍墓所への参拝は、「頭痛気」を理由に休むなど、仏心はほどほどというところだろうか。

聖徳太子創建と伝える四天王寺については、あらためて説明の必要はないであろうが、寺内五智光院には、家光以下の位牌が並ぶと聞く。一方、専念寺は空襲で焼け、再建された寺院が天満寺町の東端に立つ。少し隔てていま、帝国ホテルがある。

祭礼と休日

城代らに「休日」という日があったかどうか、日記では明らかでない。ところが町奉行や代官には、「休日」がある。〔表〕を今度は縦に見ると、どの日が休みになっているかがわかる。一見して四月十七日の東照宮祭礼を除けば、休日は、ほぼ夏に集中している。町奉行が六月十四日の座摩社、二十五日の天満天神（ただし新見は「休」ではなく「御用日延引」と書くが、久須美が休みとしている）。一方代官は、六月二十五日の天満天神、二十八日の生玉社が休日である。

そうすると奉行と代官がともに休むのは、四月十七日の東照宮祭礼と六月二十五日の天満天神祭礼の二つだけである。六月末の住吉祭りに、城代はかろうじて初穂を納めるが、町奉行や代官にとっては完全に視野の外である。ひとつのカレンダーによって、ほぼすべての国民が休む現代の感覚からみたとき、同じ武士といっても、彼らの間には、流れている時間が異なっていたのだと悟らされる。

それにしても神君家康の祥月命日と、天満天神の祭礼が揃って休日であるのは印象深い。大坂三郷には天満天神以外にも、北組の座摩社や南組の御津八幡・高津社などがあるが、武士の休日を一律に規制しているのは天満天神をおいてほかにない。大坂城代ですら天満天神に流鏑馬を出し、その代わりに天神講の人びとが、地車一二両・飾り太鼓一台を下屋敷に引いて廻るなど、深いかかわりをもっている。

しかし、六月二十四日の地車の豪壮な宮入や、二十五日夜の船渡御を大川端で楽しむことは無理である。それは定番・加番が、こぞって「札留」をしていることでわかる。町奉行も「他行留」で、町廻りの与力・同心だけが職務で市中に出かける。佐賀藩蔵屋敷ですら「両御門札留」。およそ武士はこの日、役宅を離れなかった。わずかに代官竹垣は二十四日の宵宮に、龍太郎・おかよ・おみちの子どもたちだけに祭り見物を許している。これは天保十五年（一八四四）六月二十五日の記事だが、翌年にもみえ、奉行らの厳格な対応との違いを際立たせる。

そういえば弘化二年（一八四五）には、五月六日を「早引」にし、さらに七月十四〜十六日を三連休にしている。「役所休日に致す」とあるように、竹垣が自分の意思で休日を増やした印象が残る。この時期、巷（ちまた）ではお盆である。したがって竹垣は、歳時記の重点を市中の慣例に移しているのかもしれない。十年近く、代官として大坂にいる間に、武家としての竹垣の〈暦〉が変化しているのであろうか。

城代の巡見

新見は、『御用手留』には城代に随行しての巡見を書き、『手日記』には家族の人びとの動静を書き分ける。双方の日記によって、城代たちが大坂のなにを見、また家族たちがなにを見たかが手にとるようにわかる。

天保二年（一八三一）の『手日記』には、三月十六日、房次郎延気に堺・住吉へ、二十五日、母様はじめ一統、延気（のべき）に天王寺開帳へ行ったことを記す。「延気」とはうまくいったもので、まさに気晴らしである。約三〇〇〇坪の敷地がいかに広いとはいえ、町奉行所の役宅内での生活は窮屈である。しかも春の陽気が日ごと屋敷内に漂い、遊行へと誘う。そこで、家長新見の了解を得ての外出となったと思われる。

そんな気分は、大坂に暮らす武士たちに共通したものであっただろう。しかし、それを実行するのは難しい。多忙な新見は、初入り後の市中巡見以外、これといった巡見をしていない。川浚えがはじまると、そのための巡見が増えるが、これとても役務のうえでのこと。休日を「他行留」にすればおのずから、外出のチャンスは限られる。久留米藩蔵屋敷勤めの青年吉村のように、新町で太夫道中を見たり、道頓堀で中の芝居を見物、御霊社の夜市を冷やかすなど、もってのほかのことである。

したがっていきおい外出は、城代に随行しての巡見となる。『新見日記』によれば、城代太田資始の巡見は、文政十二年（一八二九）八月二十日の四天王寺から、天保二年四月三日の飯盛山・砂岡山辺の巡見まで三四回を数え、結構な回数になる。そのうちもっとも多いのは四天王寺参詣、ついで専念寺・建国寺（九昌院）参詣であるが、まとめると（表／城代の巡見・参詣一覧）のようになる。これを手がかりに、新見たちが見た大坂をチェックしよう。

大坂市中を起点に時計回りに記述すると、西にはまず中津川、そして神崎川（大阪市・尼崎市）・尼崎街道、ついで昆陽・中山寺（伊丹市・宝塚市）、北に向かって池田・箕面、そして江口（大阪市）・長興寺（豊中市）、東に向かえば飯盛山・砂岡山、鷲尾・椋ケ嶺・闇

（暗）峠、そして八尾・久宝寺、近いところで玉造稲荷、南に回ると道明寺・誉田八幡・築留、そして堺となる。まさに、大坂の全方位に足を延ばしたことになる。これらすべてについて順路書折本（マニュアル）が用意されているので、城代の個人的な思い付きから出た巡見ではない。

それにしても、これら一五ヵ所前後の巡見先は、読みようによっては、きわめて興味深い。第一に川がある。大川・中津川・神崎川、そして大和川と石川の合流点築留、この五河川の流路と堤防に関しては町奉行にも報告されている。もちろん、堤奉行でもある大坂代官

城代の巡見・参詣一覧

年月日	実施日	行き先
文政 12.8.20		四天王寺参詣
8.25		堺・網場
9.15		両川口・鯉猟
9.22		中津川筋
10.2	10.13	長興寺・江口
10.14		専念寺参詣
10.20		四天王寺参詣
11.20		四天王寺参詣
12.20		四天王寺参詣
13.2.18		住吉・四天王寺巡見
2.22		天王寺舞楽
3.9		誉田・道明寺・築留辺
閏3.3	見合わせ	暗峠・鷲尾巡見
閏3.3	閏3.11	箕面・池田
閏3.20		四天王寺参詣
閏3.28		昆陽・中山寺・伊丹巡見
4.7		尼崎街道
4.17		建国寺祭礼頭痛付き不参
5.3		神崎川筋
6.12		専念寺参詣
6.20		四天王寺参詣
7.14		四天王寺・専念寺参詣
8.20		四天王寺参詣
9.7		四天王寺参詣
9.11	9.15カ	八尾・久宝寺巡見
10.14		専念寺参詣
10.20		四天王寺参詣
11.20		四天王寺参詣
天保 2.1.10		四天王寺参詣
1.17		建国寺参拝
1.24		専念寺秀忠200回忌法要
2.24	大風雨	四天王寺拝礼延引
3.4		玉造稲荷参詣
3.10	快晴	鷲尾・椋ケ嶺巡見
3.20		四天王寺参詣
4.3		飯盛山・砂岡山辺巡見
5.11		発駕江戸参府

の管轄でもあった。竹垣は相役代官築山と半年交代で、堤方と廻船方を勤めている。代官というと検地や検見・年貢徴収などを思い浮かべるが、大坂の代官は、大河川の堤防の管理・修繕と、年貢米を江戸に運ぶ廻船の監督をも兼ねていた。それは大坂が、「天下の台所」として全国の廻船・運輸の中心地であったことの表れだが、その廻船の運航をスムーズにするためには、大坂湾に流れ込む大河川の管理が不可欠であった。こう考えると在坂役人のトップである城代が、五河川を巡見先に選ぶのも納得がいく。

第二に道がある。尼崎街道はその典型だが、山陽道に通じる幹線である。それが西国に向かうとすれば、北摂、とくに池田・箕面は丹波への玄関口である。そして東の八尾・久宝寺には、大坂から大和街道が通じている。闇（暗）峠を越えると大和に入るが、伊勢に向かうおかげ参りの群衆と鉢合わせしてはということで巡見の取り止めが議論された道筋である。南の堺へは、堺奉行所での公事聞のために城代はしばしば出張するが、天王寺・天下茶屋をへて、紀州街道が走る。こう考えると、大坂に入る諸幹線の視察という要素が、城代の巡見にはあったと思われる。一朝、事あれば、そこは軍隊の通路となったからである。

大坂の陣と記憶の場

そんな戦場の経験が、昔語りとして彼らの間には語られている。第三は、そういう記憶の場である。とくに、慶長十九～二十年（一六一四～一五）にかけて闘われた大坂の陣の戦跡である。

飯盛山（大東市・四條畷市）と砂岡山（四條畷市）には、当時、家康の陣所があった。ほかにも秀忠の陣所であった御勝山（大阪市生野区）、戦死した徳川方の武将山口伊豆守重信（東大阪市）・豊臣方の木村長門守重成の墓碑（八尾市）、深酒のために戦闘に遅れて戦死した本多忠朝の墓碑（天王寺区）などがある。町奉行久須美祐明は天王寺参詣の往復、駕籠のなかで『武徳咄編年集』を開き、「天王寺表真田が丸の事、そのほか堀筋城内手配りなど実地へ踏み込」み、感激を新たにしたと日記に記している。

一方、大坂町奉行水野忠一らは弘化二年（一八四五）、藤堂藩士七二人の眠る八尾常光寺に連れ立って行き、そこで歌を詠んでいる（図／常光寺）。夏の陣にさいし、先鋒であった藤堂高虎と井伊直孝両軍は八尾高安山の麓に陣をしいたが、八尾・若江の戦いで多数の死者を出した。戦没者五十回忌の法要は南禅寺で営まれ、藤堂高虎は南禅寺山門を寄進する。その後、百回忌以降、五十年ごとの遠忌は、南禅寺金地院末寺の八尾常光寺で営まれることとなったが、その結果、常光寺の整備が藤堂藩の手で進んだ。その中心は位牌堂で、本堂の左手に建つ。中央に阿弥陀像があり、右手に将軍家の位牌、左に藤堂家戦死者の位牌が並ぶ。寺域の奥には、墓所もある。この場所に、彼らは訪れたのである。

訪れたのは、町奉行水野忠一のほか、川口船奉行甲斐荘喜右衛門、破損奉行宮寺五平次・杉浦重郎兵衛、鉄砲奉行西井源次郎の五人。竹垣が入っていてもおかしくないが、日記にも記載がなく、残された短冊にも彼の名がない。短冊は「多務家求瑳」として、「和泉守藤堂高虎君之臣七十二士墓前」に捧げられている。そのひとつを紹介しよう（図／短冊）。

常光寺　位牌（上）と墓所（八尾市立歴史民俗資料館）

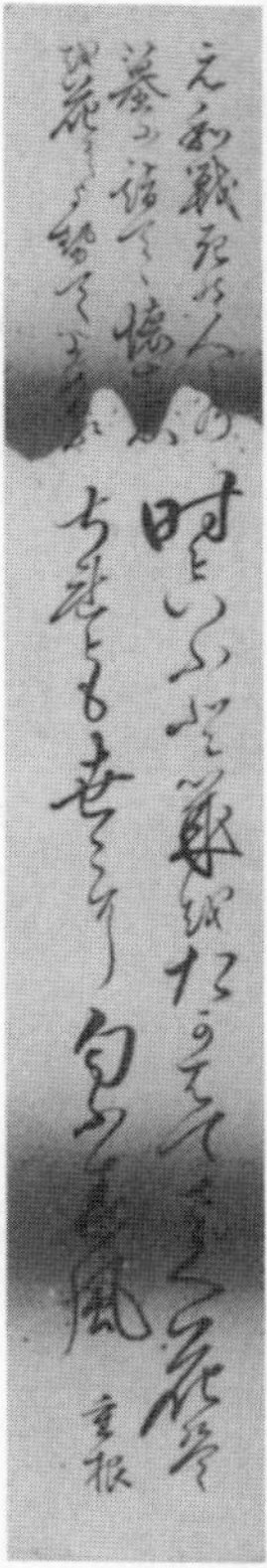

短冊「多務家求瑳」のひとつ（八尾市立歴史民俗資料館）

元和戦士の人々の墓に詣（もう）でて懐古の心を花によせてよめる
時といふときをたかはてさく花は　ちれとも世々に匂ふ春風　重根

ここ大坂で、江戸の武士たちは幕臣として「記憶の共同体」を作っていたといえる。

四天王寺聖霊会

このように巡見先を見ると、総じて大坂を政治・軍事的に統べる城代にふさわしい場所だといえるが、そこで名所・名物を楽しんでいないとは限らない。それを証明する史料に欠けるだけである。ところが百パーセント文化的といえる場所が城代の巡見先にある。それは天王寺聖霊会である。

『新見日記』の文政十三年（一八三〇）二月二十二日条に、天王寺に舞楽見物に行く城代の案内として出かけたとある。そこには城代・町奉行のほかに目付も駆け付けている。午前八時に役宅を出た新見は東門より入り、六時三昧堂に上がる。ほどなく目付、そして午前一〇時ごろに城代が到着。天王寺側では、一汁五菜の料理と吸い物・酒を出す。午後二時過ぎにはさらに、吸い物・酒・口取三種でもてなす。

いつもは太平楽で切り上げるが、このときは、蘇莫者が五百年ぶりに復興されたということで、それを見て、午後五時ごろ退出している。

『大阪繁昌詩』はこれについて、つぎのように記す（原漢文）。

> 王の忌辰二月二十二日に在り。この日、毎年、蓮池の上において伶人楽を張る。暁より夜にいたる。池辺棚場を開く。東西両宰これに臨む。都人ほしいままに観る。恰も蟻の羶を慕い、蜂の衙に趨るがごとし。

王の忌辰とは聖徳太子の命日、したがって舞楽は、太子の命日におこなわれる聖霊会で、僧侶による四箇法要とともに営まれた。伶人は楽人のことで、右方と左方があった。天王寺の近くに屋敷を与えられて住み、伶人町の名がいまも残る。東西両宰とは町奉行のこと。羶も衙もともに生臭い肉を意味する言葉で、蟻や蜂がそれに群がるように観衆が集うというのである。

その光景が、『摂津名所図会』に丹羽桃渓の手で描かれている。蓮池に架かる石舞台の上では舞楽が舞われ、六時堂では僧侶たちが読経している（図／『摂津名所図会』の舞楽

『摂津名所図会』の舞楽図（関西大学図書館）

図）。両側には地べたに座る寺役人がおり、その後ろに柵から覗き見する群衆が描かれている。いまにも笙や篳篥の音が、聞こえてきそうである。ところがこの絵、どこかおかしい。六時堂のなかには僧侶しかいないのである。先ほどの『大阪繁昌詩』は東西両宰（奉行）の列席と書き、新見は城代・目付も鑑賞したという。また久須美も金堂へ向かい左に城代と町奉行、右に目付が座るのが仕来りと書くが、その姿がみえないのである。ここでもまた武士が、絵図から消えている。

「歌詩伝うるを失うといえども、また以て古楽の正声を定むべし、嗚呼屹乎とそ、特に我が邦に存するはまさに是、千古の大快事」（『大阪繁昌詩』）、といわれるこの舞楽を見て、老町奉行久須美祐明は、感激に咽んだ。『浪華日記』天保十四年二月二十二日条に、自分は御目見以下より取り立てられた者だが、幼少のころは歌舞伎・芝居にもよく通い、寛政十年（一七九八）にははじめて能を見、ありがたい身分と感激した、ところが結構な身分になり、今日、四天王寺ではじめて舞楽を見たのは、じつにありがたく冥加（みょうが）なことだ、と記す。歌舞伎や能・狂言は江戸でも見ることができる。しかし舞楽は、そうではなかった。それを春爛漫の空の下、多数の大坂町人たちとともに、城代太田も、久須美も新見も楽しんだのである。

この聖霊会舞楽、維新後に一度途絶えるが、明治十二年（一八七九）に復活され、今日、天王寺雅亮（がりょう）会の手で毎年、四月二十二日に奉納されている。国の重要無形民俗文化財である。

代官竹垣の名所巡り

この聖霊会舞楽、竹垣ももちろん楽しんでいる。天保十四年（一八四三）の聖霊会では、嫡男龍太郎を連れるが、地役仲間の宮寺も西井も石川も子連れである。場所は城代らの座る六時堂内ではなく、桟敷である。子連れであることは、それが私的な見物であることを示唆する。竹垣は日記に、そこで宮寺と西井が詠んだ歌を写している。

舞人のかへすは袖にきさらぎの　けふはこち吹く風ものどけし
日本（ひのもと）に法をひろめしその代は、あふぐとぞ見る舞人のそでどこまでが仕事で、どこから先が遊びかは判断のつきかねるものではあるが、竹垣には、それなりに遊びの自覚があったと思われる。天保十二年三月二十八日、嫡男龍太郎の難波新地行を「遊行」と称しているのであるから、四月三日の母親と龍太郎をともなっての船での天保山行も、「遊行」であったと思われる。

この「遊行」の精神は、代官としての公務出張中も頭をもたげる。彼が歌詠みであることも、それを促す。『竹垣日記』には、摂津・河内から播磨の宍粟郡にまで広がる支配地をさまざまな用務で廻る最中、遊行の瞬間が書きとめられている。たとえば天保山行の翌日、河内南部に堤方御用に出向くが、途中、道明寺に立ち寄り、天満宮の開帳を頼む。そのうえで、「河州志貴郡の尼寺なり、都合五ケ房あり、尼九人にて住職はいずれも公家衆の娘が相続し、一老は中山大納言の娘、二老は唐橋大納言の娘」と書いている。

そもそも道明寺に立ち寄るのも物好きだが、こんな説明を書くのもまた「物好き」である。この「物好き」を証拠立てるのが、検地のために難行苦行を重ねた摂津灘目行である。天保十二年六月四日、篠原村（神戸市灘区）の若林嘉毛次宅で昼食をとるが、「摂州名所図画には、この地荒熊武蔵守興定と云ものの居城なりといふ」と書いている。なんと竹垣、公務出張に、『摂津名所図会』を携帯しているのである。

さらにこの代官、あちこちで植物の採集に余念がない。西須磨月見山で月見の松の枝、谷上千年家で庭前の楓、綱敷天満宮で磯馴松、兵庫本陣で雪ノ下といった具合である。もちろん桜も忘れていない。この行為、いったいなにを物語るのか？

江戸後期の携帯本『進物便覧』には、「文雅の人、詩歌連俳を嗜む人へは、その名所名所の産物を贈るものに添へて遣はすべし」として通天渓の紅葉、吉野の桜、住江の松を挙げている。竹垣の一風変わった行為は、「文雅の人」としては模範的なものであった。

『浪華勝概帖』

そんな竹垣が嘉永元年（一八四八）末、関東郡代となって江戸に帰るとき、特別の大坂土産を持って帰った。それは上下二冊の画帳である。題して『浪華勝概帖』という。題辞を書いたのは大坂を代表する漢詩人篠崎小竹。「竹垣君、この地に任ぜられること五、六年、画師に委嘱して近郊山水の諸勝概（優れた風景）を描かせ、一帳とし、東に帰らんとす」（原漢文）と小竹は序文に書くが、この「竹垣君」こそ、わが竹垣直道である。

この『浪華勝概帖』、大正六年（一九一七）に泊園書院の塾主藤沢南岳が追賛を付け加えているので、このとき、すでに大阪にあった可能性がある。一方、東京大学史料編纂所が所蔵する『竹垣直道日記』全四九冊は、維新史料編纂会から編纂所に引き継がれたものだが、維新史料編纂会の購入の年も大正六年である。したがってこの年、日記と『勝概帖』がともに古本市場に出、東京と大阪に行き別れになったのかもしれない。それが、所蔵元の大阪市立博物館（現大阪歴史博物館）から『館蔵資料集』として紹介されたのは、一九八一年のことである。短い解題がついているが、それには「竹垣某なるもの」が大坂の画家に依頼したものだが、「竹垣某の履歴は詳らかでない」とある。

当然であろう。藤田覚が『竹垣日記』をはじめて紹介したのが、一九八七年。さらに遅れて一九九六年から、わたしたちの解読がスタートし、十年かかって、やっと大坂時代の日記の出版にこぎつけた。この解読と出版の過程で、行き別れになった『日記』と『勝概帖』が結びつくようになったのである（内海寧子「大坂の風景画帖と竹垣直道日記」『大坂代官竹垣直道日記』四、二〇一〇）。いうなれば、九十年ぶりの再会である。実際、日記には、『勝概帖』に二枚続きの絵を寄せている玉手棠洲や百丈の名前が登場する。いずれも嘉永元年（一八四八）の記事で、「百襄（百丈）召連、天保山上陸、川浚真景を写させる」（九月朔日）、「玉手棠洲へ画頼遣す」（十一月二十日）とある。小竹の序が十二月であるから、ほどなくして画帳ができたのであろう。だ

「谷街山茱萸」（大阪歴史博物館）

とするならば足掛け九年、大坂で家族と共に過ごした竹垣が、自分の目で見た名勝を画家たちに描かせたのである。

『浪華勝概帖』二冊には、二枚続きの三景を含め総計九五景が描かれている。まさに「浪華百景」と名付けてもいい大作である。縦二〇センチ×横一七・八センチの絹布に淡彩で描かれているが、画家は総勢二九人。そのなかには西山芳園(にしやまほうえん)、上田公長、玉手棠洲、森一鳳(もりいっぽう)、松川半山といった江戸後期の大坂画壇を代表する人びとも入っている。竹垣が、彼ら画家とどのようにして接点をもつようになったかはまだわかっていない。

金城大坂城や住吉大社、天保山・葭屋橋(よしやばし)など、九五景の画題をすべて紹介する余裕はない。そのなかの一点ということであれば、わたしは石垣東山(いしがきとうざん)の描いた「谷街山茱萸(やまぐみ)」を推す（図／「谷街山茱萸」）。中央に門、その奥に鳥居、山茱萸の咲き乱れる庭と塀、高札場、出窓のみえる長屋から、わたしはそれを、谷町代官の役宅と想像するからである。幸い、最近、谷町代官所の平面図が見つかっているので、それと照らし合わせてみたいと思う。供侍をしたがえて裃姿で歩く武士は、竹垣その人であるかもしれない。

「露の朝顔」

ひとつの地に長く暮らすということは、素晴らしいことである。「異国」の人でも、目が肥えてくる。新見がもし、五年でも西町奉行でいてくれたら、どんな大坂の情報を残したかと、竹垣とくらべながら思うことがある。

一方、十年近く、大坂に住んだ女性がいる。というより、住んだ記録を残した女性がいる。西町奉行内藤矩佳の公用人横山平馬の妻桂子である（「横山桂子『露の朝顔』――江戸の武家女性が見た大坂と上方」『なにわ・大阪文化遺産学研究センター二〇〇六』、二〇〇七）。内藤の任期は文政三年四月から十二年三月であるから、九年はかたい。

ところが彼女の書く大坂暮らしは、新見や竹垣のそれと、ひと味もふた味も違う。すべてが歌紀行で、間に詞書のような文が入る。

たとえば第一集「露の朝顔」は、江戸から中山道を通り、京都を経由して大坂に着くまでが記されるが、真夜中に八軒家に着き、西町奉行所に入った情景を、

子過る比、舟難波に着ぬ、此処のみたち（御館）のおもふにましていときらやかなり、大君のつかせ給ふを待奉りて遠こち人うちつとひはせ参るさまいとかまびすし。

我とちの家々にも人おほくむれ来るさまいと目覚し、されとも東にことかはり人の物いひさまなと耳なれぬ事のみ、只うちまもるのみにてせんすへしらす。

と書き表す。

との一節には、奉行所のきらびやかさ、新任町奉行を迎える人びとの群れとならんで、耳慣

れない大阪弁にも言及している。

そして第二集「旅路の花」は、大坂から京都・石山・宇治・奈良を巡り、大坂に戻る旅路を記したものであるが、こんな記述がある。

我住ゐの前は松屋町すちとて、右の方は天王寺道、左のかたは天満の行来の道なれは、ひねもす行(ゆき)かふ人引きもきらす、賑(にぎ)はしさいふ斗(ばかり)なし。

西町奉行役宅の裏を走る松屋町筋の往来、賑やかな話し声が、彼女の住む長屋にも飛び込んでくるのである。

きさらぎはじめの午の日には、みたちなる稲荷の御社に諸人詣ることをゆるし給ひて、御園の中を過て、からめてよりおもてのみもんに、いづはたみその（御園）の中には花やかなる物ともつくりおかせてみせ給へれは、遠こちよりむれ来る人いと目覚るばかりなむ。

すでに触れた町人を招き入れての二月初午の賑わいであるが、「花やかなる物」、すなわち造物が置かれている。

さらに第三集「蘆の葉風」は、タイトルにあるように、蘆の地大坂の歳時記である。

> 弥生中はの比、桜の宮の賑はし大かたならす、淀川にそひて弐丁余り桜うゑ並たれは舟にて行もあり、陸より行もおのかしし花の本に氈引てうたふ有、まふ（舞）ありいと目覚るばかり。

いうまでもなく桜花爛漫の候、陸でも川でも人びとは花とともに楽しんでいる。

> 住よしの御神は月毎に御祭にきはしく年に七十五度御祭有とかや、されとも水無月つこもりを大まつりと唱へ、其賑はひ大方ならす、はた所々の御神もいとにきはしく、町々を引きもてあるく車楽のはやしたつる音は、日々、天地にとどろき、かしましきまで目覚しく。

六月晦日の住吉祭りをはじめとして、大坂の各地に鎮座する神社の夏祭りの描写である。その後、第四集「有明の月」（大坂から伊丹・有馬に行き、大坂に戻る）、第五集「東のつと」（大坂から東海道をへて江戸に帰る道中）と続く。あえて原文を引用したのは、女性歌人の文体を賞味してもらうためである。この歌紀行の最大の目的は、両親を連れて、京都・石山・宇治・奈良・伊丹・有馬を訪ねることであった。いまならさしずめ、古典文学散歩だろう。

佐州老の食事暦

大坂といえば〈食〉、「食い倒れ」である。ところが、これを検証するのは難しい。なぜなら、毎日記される天候とくらべて、食事の記載は日記では極端に少ない。新見も竹垣も、なにを食べたか、ほとんど情報がないのである。しかしそれは、彼らに特有なものではない。一体に、日常の食生活を記すことが少ないのである。そこでいきおい、食事の情報は、冠婚葬祭に付随する行事食や、料亭の料理に偏る。伝統の日本食も、足利将軍の特別食が基準となっている。普段、なにを食べていたか、という問いとはかけ離れる。そこで普段の〈食〉への異常な関心が生まれる。そこにたまたま、単身、江戸の下屋敷に暮らしたグルメの侍酒井伴四郎(ともしろう)が、こまめに日記を書いて残していたので、脚光を浴びることとなった。

彼を扱った『幕末単身赴任　下級武士の食日記』（青木直己著、二〇〇五）によれば、伴四郎は万延元年（一八六〇）、勤番侍として紀州藩赤坂藩邸内の長屋で暮らす。同行者は五人、いずれも単身者である。江戸に着くとすぐに挨拶回り、ついでに買い物を済ませた帰路、「空腹になりそば二膳喰(く)」う。これが江戸での最初の外食であるが、注目されるのは、このとき買ったもの。火箸(ひばし)に土瓶、風呂火口(ほくち)、行平鍋(ゆきひらなべ)に衣紋竹(えもんだけ)と、これからの生活に必要なものばかり。いよいよ、男所帯のはじまりである。

したがって伴四郎の場合、外食もさることながら、みずから調理する記述に情報価値がある。その代表は、彼が昼に飯を炊いて、朝や夜は粥や茶漬けで済ませていることである。ところが江戸では当時、朝に飯を炊いて、味噌汁と一緒に食べ、昼と夜は冷や飯か茶漬けであったので、東西のコントラストが浮かび上がっている。

しかし食事情報の詳細さでは、酒井伴四郎は、わが「佐州老」の比ではない。佐州老は、一日三回の食事の中身を書くばかりか、外出時の弁当も、そして城代や相役奉行の役宅で出る馳走（ちそう）の中身まで日記に書くのである。

わが「佐州老」とは、すでに紹介した大坂西町奉行久須美佐渡守祐明。当年とって七十三歳で、西町奉行となった。その日記『浪華日記』は、天保十四年（一八四三）五月十六日、江戸出発から書き起こされるが、早速、板橋宿で〈食〉が出る。見送りの人びとに対し、「吸物取肴（とりざかな）一種にてわざと酒を出す、本膳（ほんぜん）・膾平（なますひら）・香物・汁飯・焼物・猪口（ちょく）」を振る舞ったという記事である。

その後、大宮と熊谷の間の建場で「鮎の煮びたし」、本庄宿では「飯もよく、いんげん玉子とじ塩梅（あんばい）よし、香物沢庵（たくあん）至極よし」、倉賀野（くらがの）宿では弁当として「煎豆腐（いりどうふ）、出来合大田楽四本」とそれぞれ昼食のメニューを書くが、これは序の口である。十九日の夜、坂本宿で久しぶりに鰻（うなぎ）を食う。安中（あんなか）辺より折々売りに来るものを求め、同行の孫正一郎へ一つ二つ、あとは「酒食に用ゆ」。脂が薄いのでついつい「一盞（いっさん）過し」、飲みすぎて熟睡したと書く。ここで衣の下の鎧（よろい）がみえたが、鰻が大好物なのである、この老人。

鰻に触発されたのか十九日には、朝昼夜の三食メニューをはじめて書くが、二十二日には「毎日、宿に着くのが遅い」という理由で、省略する。こうして一路、中山道・木曾街道をへて、六月二日午後、大坂に着く。翌三日にかけて、「着坂歓」として到来物が各所から届くが、「魚類も多く到来」ということで、「鱧（はも）を付け焼き、塩焼き両様で試す、至極の風味、正一郎も始めてで歓ぶ」となる。到着したのは夏、京坂の夏とくれば、鱧である。さすがに鰻好きな人、鱧も塩焼きだけでなく、付け焼きにもしている。銅座詰めの役人として大坂暮らしの経験がある、大田南畝の狂歌「思ひ出る鱧の骨きりすり流し吹田（すいた）の烏芋（くわい）天王寺蕪（かぶら）」が想起される。

その後、初入りの行事を終えた十八日、佐州老はおもむろに日記の冒頭、つぎのように認める。

朝飯　カマス干物、香物沢庵相応なり、汁（具は）茄子（なす）、飯三椀（わん）
昼飯　八はいどうふ、香物沢庵、麦飯四椀
夜食　ゆで候ヤツコ豆腐、うなぎ、酒一合、麦飯三椀

三食のメニューと飲食の量を記すこのスタイルは、「江戸御用召」を受けて、相役水野忠一に暇乞（いとまご）いに行く天保十五年十月四日まで堅持する。その意味で、大坂暮らしのおよそ十七ヵ月余（閏月を含む）、三食メニューを書き続けたことになる。よほどの食通でも、こうはしないだろう。しかしその執念、彼がグルメであったというだけでは説明できない。七十三歳の老人が、家族は孫の少年のみ、あとは家中という環境のなかで、町奉行という要職を勤

める。病気による執務の遅滞は許されない。「食養生」は必須である。そのためになにを食べたかは、重要な情報となる。

また彼が、江戸の留守宅との間で日記と手紙の交換を定期的にしていたというのも、前提となる。それが送られれば、異境の地大坂で、父でもあり、夫でもある人が毎日、なにを食べているかがわかる。それが相手の健康を計るのに、もってこいの情報である。わたしたちが人間ドックに入る前に、三度の飲食情報を書くのと似ている。家長である久須美は、みずから実践し、それを家人の教訓の種とする人であった。

食うて飲む

さてこの食事、だれが作るかといえば、城代・加番らは専門の料理人を抱えていた。先にみた加番前田侯の行列図にも、医師と並んで料理人がふたりいる。久須美家にも、清七という料理人が抱えられていたが、彼は「江戸風のうなぎ蒲焼(かばやき)」ができるというので重宝がられている。住所が谷町とあるので、旧知の代官竹垣の紹介であろうか。久須美は彼に命じて、到来物をあれこれ料理させ試すのが大好きである。

久須美の食事暦を眺めていると、いくつかの特徴がうかがえる。第一に基本形がある。第二に季節によって食材が変化する。そして第三に、ときおり届く到来物がメニューを大きく変えている。

六月十八日の献立は、基本形に近い。朝昼夜と三食で、昼は麦飯が多く、夜はかならず酒がつく。鰻も基本形を構成し、「自分ばかりうなぎ」と、正一郎とメニューを違えてでも自分は鰻を食う。

この基本形の食事に変化をもたせるのは、ひとつは汁の具、ふたつにさまざまな豆腐料理、そして三つに飯の種類である。

汁の具は、茄子、冬瓜、椎茸、豆腐、ササゲ、シジミ、芹、里芋、ムカゴ、干瓢、長芋、大根、百合根、納豆と、夏から秋・冬にかけてどんどんと変わっていく。汁の具だけでも、季節の移ろいがわかる。それに対し、吸い物は旬の到来物が入ったときに限られる。基本はあくまで、味噌汁である。

豆腐は、「豆腐百珍」といわれたようにバリエーションの代表格である。久須美の食膳には、ヤッコ豆腐・八盃豆腐・冷やし豆腐・煎豆腐・あんかけ豆腐・つみ入豆腐・つと（苞）豆腐・焼き豆腐・ぎせい（擬製）豆腐・湯豆腐といった調子で、いつも給仕された。久須美は入れ歯をしていたが、それを使って柔らかな豆腐も、硬い麦飯も堪能した。飯だけで一日三食合計すると一〇杯前後。まあ、よく食う老人だ。

食うだけではない。飲む。ほぼ毎日、飲む。天保十四年十二月十五日、「寒気中り」で「頭痛」がするといいながら薬用に鰻を食い、玉子酒を大猪口で三ツも飲み、「いささか汗ばみ快方」と自賛する。だから灘・伊丹の銘酒が届こうものなら、目じりが下がる。同年七月七日には竹垣から剣菱、三田藩主九鬼丹後守から玉泉がそれぞれ届き、早速、一合余り飲むが、周りの家中は下戸ばかりで、「酒のはけ方なく困る」とこぼす。この一合余だが、ある日、家老に計らせたら三合もあった、と江戸に報じている。いずれにしても酒好き。一滴も飲まなかったのは、中暑で腹を下した天保十五年六月二十日ほか数日だけである。

到来物は、一時に来る。天保十四年六月二十三日、鰻を生きたまま買い入れ、焼き立てにして酒の肴に試したところで、地役宮寺から蒲焼が届く。さらに竹垣からは旬の鮎。そこで、鮎は鰻を好まない者へ、蒲焼は近習へ下げている。同年十一月二十一日には「この節、寒中につき魚類鳥類鴨その他到来物夥しい」と書く。『浪華日記』を通して、魚介類では牡蠣、鰤と鱈、鳥類では鴨・雉と鶴が目につく。雉は焼肉、鴨はしっぽく、そして鶴肉は吸い物となって、彼の食欲を満たす。

この大食漢、そして三尺余の刀をもって居合いを抜くという丈夫な身体と鍛錬のおかげか、七十五歳にして一子を儲けるのも頷ける。この子の名前は七十五郎祐利、祐明妾腹の子である。陸軍士官ののち、沼津兵学校教授・陸軍会計局を歴任し、大正六年（一九一七）に亡くなった（沼津市明治史料館編『図説沼津兵学校』二〇〇九に写真入りで紹介されている）。本書で使った『浪華日記』や『難波の雁』などは、かの祐利が晩年に整理したものである。

終章　「町人の都」と「武士の町」

「町人の都」という言説

本書では、「武士の町」大坂という問い＝仮説に導かれ、史料を探し、読み、分析し、突き合わせてみると、こんな大坂が浮かんでくる、ということを示した。「はじめに」で述べたように、「町人の都」を否定することにも、「武士の町」であったことを立証することにも、わたしはさほど関心はない。「武士の町」という問いを立ててみることで、なにがみえてくるか、ということに大きな関心と目的がある。その過程でみえてきたものを、七章にわたって記してきた。そして最後は初手に帰って、「町人の都」を問うことになる。

わたしは「町人の都」とは、実態であると同時に、言説だと捉える。「武士の町」も、縷々述べてきたようにひとつの実態であった。約八〇〇〇人といかに少なかろうと、武士の存在という強固な実態があった。彼らの暮らしぶりを明らかにすることで、それはより確たるものとなったと思う。しかし、その実態が、大坂を「武士の町」とする言説を生んだかといえば、そうではなかった。その反対に、町人社会の実態は、「町人の都」大坂という言説を生んだと考える。

だとすればその言説は、だれが生み出し、だれが継承したものか、が問われるべきであろう。

そこでは二つの可能性がある。ひとつは大坂の人が生み出したか、他所の人が大坂に来て生み出したか？　もうひとつは町人が生み出したか、武士が生み出したか？

そこで可能性は大坂か否か、町人か武士か、を掛け合わせて、四つになる。①大坂の町人、②大坂の武士、③他所の町人、④他所の武士。この四つの可能性のうち、言説を生み、確立させる力を考慮すると、①か④となろう。①の場合は、人口三〇万から四〇万という勢力が、④の場合は、いまは「武士の世」だとする権勢が、その力を担保する。

結論からいえば、わたしは④だと考える。とくに他所者のなかでも、江戸の武士ではなかったかと推測している。その理由は、江戸という、大坂と比較するうえでの明確な座標軸をもっているからである。その比較軸は、久留米藩や中津藩といった西国大名の蔵屋敷勤務の侍とは比較にならないほど、強固であった。そこでいきおい、彼ら江戸から来た武士の言説に注意がひかれる。

たとえば食通の「佐州老」は、〈食〉を通じて大坂を観察し、ついで比較する。大坂着後の天保十四年（一八四三）六月二十三日、鰻が重なった日の記事に、「蒲焼など大坂風に腹より裂き候もあるよしなれど、昔のごとく銅串にさし大平などへ入れ候儀絶えてなし」と書く。鰻の食べ方も大きく変わったという指摘だが、江戸びんつけ油・江戸足袋・江戸鮎・江戸股引き・江戸たばこなど、市中には江戸を唱えるものが多く、それは「大坂表追々衰へ候や」と記す。江戸の真似をすることで、大坂の衰退がはじまっているという判断である。

「武士が少ない」という判断もしている。初入り後の巡見で六月八日、市中を廻ったときの記述だが、「武家の往来ははなはだ稀にて町人ばかりなり」。大坂三郷の船場から堀江あたりを歩いた第一印象である。武家地は上町から天満にあり、それ以外の地は、まったくの町人地なので、武士が少ないのはある意味当然なのだが、この判断の背景には江戸の経験がある。

七月十四日付の江戸留守宅宛手紙でも、「当地（大坂）も前々に見競（みくらべ）ると、いたって質素、武家は無数（かずなく）、町人が主なので、江戸のように成り兼ねる場合がある」と久須美は書いている。よほど強く、「町人が多く、武士が少ない」という印象を受けているのであるが、それは江戸との比較が前提となっている。

「町人国」

この「町人ばかり」という印象は、すでに「町人の都」という言説を用意している。だが、久須美は別の判断ももっている。たとえば、天保十五年（一八四四）三月三日上巳の記事につぎのようにある。

この日、挨拶に来た惣年寄らより差し出した金額は都合、金六両三分、銀拾匁、鳥目（銭）六貫文となる。これらの金額をいちいち日記には認め（したた）ないが、奉行という御役のために多分の収納がある。これは御高恩の一端でありがたいことだ。

奉行所には初入りのほか、年頭や八朔の節季ごとに、おびただしい町人が挨拶に来る。三月三日もその一例だが、最初それに見舞われたのは、初入り二日後の天保十四年六月四日のこと。天気もよく、「町礼」は近年にない人の出。正午からはじめ、午後五時ごろまでにおよそ七〇〇人が訪れ、進物を受け取った。進物の整理は十日ごろの予定と日記に書いているが、実際に精算できたのは六月十四日のこと。両替された町礼収納金はなんと、一三四両である。届けられる金の多さに驚く久須美だが、同十五年二月十一日、惣年寄の増員補充を命じた記事につづけて「当所は何事につけても進物などを差し出すのは、町人国だからだ」と述べている。そこには「金の力」が暗示されている。

奉行が、町礼の金銭の計算をするのはいささかみっともないが、奉行の家老は、それが仕事である。東町奉行川村修就の家老野々村市之進は、文久（ぶんきゅう）元年（一八六一）四月一日、御頭とともに大坂入りし、三日には恒例の町礼を受ける。家老野々村の『大坂着坂日記』（東京大学史料編纂所蔵）によれば、当日の到来は金四九両一歩、銀三貫七四三匁、銭九六〇〇文、帳外も含めて一〇二両余であったと記す。久須美よりは少ないが、一日にして一〇〇両である。これに上巳、端午、八朔、歳暮を入れれば、町から入る収入はいくらになるだろうか？

この一〇〇両という金額を、奉行の収入とくらべてみる。幸い天保十四年閏九月二十四日付の『浪華日記』に、当冬切米足高米の支給が書かれている。それによると知行高三〇〇俵の久須美がもらう切米と足高米の合計が三五〇俵、石高にして一二二石五斗。そのうち三五石を二月までの飯米とし、残る八七石五斗を換金する。その収入が、八九両二分二朱余である。切米の支給は年二回あるので、町礼一回分の一〇〇両は、半年分の給与を上回っている。

八月二十四日付の手紙で久須美は、「遠国勤めは大儀なように思われるが、先役（小普請奉行）と違い、多分の贈物、種々の国産品の贈答がある」と書き、家老・公用人をはじめ当所で雇った侍を含め二一人、中番四人、門番足軽四人、徒士二人、中間二〇人、水番三人の都合六三人と江戸表の二二人、総計八五人という数字を添える（計算が合わないが記述のまとする）。その意味は、その副収入のおかげで、江戸を含め、八五人（世帯主だけ。家族を加えると三〇〇人から四〇〇人になる）を養うことができるということであろう。実際、久須美は、総収入のうちから、江戸の留守宅に送金することを忘れていない。

この余得、つまり町礼や諸家蔵屋敷などからの祝儀は、家老・公用人ら家中の者の懐にも入った。しかし外との付き合い頻度の多少に任せると、大目付・書翰など内向きの役職者には不利となる。そこで佐州老、歳末の二十七日、一計を案じる。それぞれ祝儀を申告させ、多い者には七〇パーセント、少ない者には五〇パーセントの割合で出させ、自分からの下げ金を加えて支給する。その結果、大目付で二一両、書翰には一九両二分と、差をつけて支給する。この恩恵に与る者は、一二人である。面白いことに、妻子持ちや惣領・次男と同居という者には追加支給している。まるで「扶養手当」である。

彼ら江戸の武士が、家族連れで大坂に来ることを可能にするだけの収入を、諸祝儀が支えていたのである。大坂町奉行、一度やったらやめられない。

「浪花の風」

そんな久須美祐明の大坂観を、父の跡を継いで大坂西町奉行となった嫡子祐雋がどう意識していたか。それを論じるだけの用意はないが、すくなくとも祐雋作として著名な随想「浪花の風」には、父の大坂体験という前提があったということはできる。

もともと「浪花の風」は、「在阪漫録」三冊とセットであった。ところが「浪花の風」のみが、『近古文芸温知叢書』に収録されたことで、一人歩きした。こうして近世の大坂を語るとき、「浪花の風」を引用することが常套(じょうとう)となった。さらにいうならば、祐雋も父に倣い、大坂から書簡を江戸に送り続けている。それはのちに、『後の難波の雁』という題を与えられるが、そこまで立ち至って、彼の大坂観を検討した人はいない。

しかし「浪花の風」が、一人歩きすることで、大阪人もその影響を強烈に受けた。宮本又次もそのひとりだが、彼はそれを、大阪人の言説に置き換えている。

たとえばよく引用されるのは、「浪花の地は、日本国中船路の枢要にして、財物輻湊の地なり、故に世俗の諺にも大坂は日本国中の賄所とも云、又は台所なりともいへり」という箇所だが、祐雋は、こうもいっている。「故に淳朴質素の風は更に失ふて、只た利益に走るの風俗のみ、士といへとも土着のものは、（略）廉恥の心薄く、質朴の風なし」、いうなれば

「天下の台所」は、利益に走る風潮を助長し、大坂生まれの武士たちの精神をも蝕んでいたというのである。この認識は、中井竹山の『草茅危言』にもみられる。

竹山は、老中松平定信に献呈したこの書のなかで、「奉行代官は民を親むの重任」としたうえで、属吏の与力・同心は「皆地付の身にて、掌故に熟し世機を諳ずる故、因縁して奸を営む事限りなし」と断じている。だから、その是正のためにも、私塾懐徳堂を幕府の「学校」にし、練磨する必要があった。放っておけば「廉恥の心薄く、質朴の風なし」となる与力や同心を、本来の「武士」とするために、町奉行新見正路が文武にわたって鍛錬するさまは、先にみたとおりである。

ところが近現代大阪での解釈は、そうではなかった。「大阪に関しては、もちろん、封建的な規制にはまっていなかったとはいわないが、ほかの城下町にくらべると非常に町人的な町であった」（宮本又次）と、ヨーロッパ都市に並ぶ市民意識が強調されることとなる。

「天下の町人」

だが、ここには大きな読み替えがなされている。その点を検証するために「天下の町人」という言説を取り上げる。

「天下」は経済史家宮本又次の好んで使う用語であるが、そこでは「「天下」は、幕府や藩の領国ではない、いわば封建支配の真空地帯的性格を有しており、そこではかなりの程度、市場の原理が機能していた。江戸中期以降の大阪町人は、「市民」に近似する存在であった」という解釈がされる（『大阪町人論』著作集八所収）。

しかしこの解釈については、真っ向から対立する解釈がある。それは国文学者中村幸彦の解釈である。中村の「天下の町人考」は、「西鶴（さいかく）の階級意識の象徴でもある様に、天下の町人の語が作品中から取出され、この語は経済的実権を握り得た町人の代弁者が、彼等のかちどきと誇りを端的に現した言葉づかいと、疑う余地もなく解釈された」と、宮本の解釈を見越したような指摘からはじまる。この作品、昭和十七年（一九四二）に書かれており、宮本の『大阪町人論』（一九五九）に先行する。ということは、宮本のような言説は、それ以前にもあったということを示唆する。

それに対し、西鶴作品に通じた中村は、西鶴は「文芸界の革新児にもかかわらず、対社会意識の甚だ穏健であった事は、作品の内容が十分に証している。身分制度に対しても、疑念を起し異論を懐（いだ）いた様子は更にない」と断言する。だとすれば、「天下の町人」という用語には別の解釈が必要となる。そこで書かれたのが、「天下の町人考」である（『中村幸彦著述集』三、一九八三）。

論証は省くが、「爰（ここ）大阪だとて天下の町人、遠国諸侯の城下に落穂ひろいの、またもの町人づれには出来ぬ、栄華の遊楽を叙述したもの、（略）幕府直轄地の町人、この点に幕府に対して江戸と大阪の共通があり、この事が又大阪人の「天下の町人」と誇り得た所以（ゆえん）であったのでなかろうか」と書く。「大阪だけが封建支配の真空地帯」と解する宮本に対し、「幕府に対して江戸と大阪の共通」と解する中村とでは、まったく逆の評価となっている。

国文学者としての中村の分析に信を置くならば、すくなくとも西鶴を含め江戸時代の人びとの使う「天下の町人」に、宮本のいうような意味は含まれていない。ということは、宮本の解釈は、近代以降になって新たに創造されたものと解するほかない。それが中村のいう「唯物史観」によるのか、宮本の属した経済学派によるのかは不明だが、「天下の町人」の解釈が大きく変更されたことは確認できる。

「町人の都」大坂という言説は、こういう回路をへて、近代の大阪で成立した、とわたしは考える。

しかし、そのような読み替え＝転回をするには、ソフト、ハード両面における転換が必要であった。明治維新後の近代化という日本列島全体を襲う変革と、大阪における固有の転換が、それである。

大阪の近代

まずハードでいえば、大阪はいちはやく産業革命を経験する。初代長谷川貞信の『浪花百景』は、「古き大坂」と「新しき大阪」の双方を描いており、興味が尽きないが、新しさは鉄橋と汽船に象徴される。木から鉄への転換が、大川周辺ではじまっているのである。

その動向を象徴するのが、天満川崎にできた造幣局である。絵入り新聞としてよく知られた*Illustrated London News*（新生の国日本の変化を絵入りで伝えるべく、専門の画家を派遣し、好評を得たロンドン発行の新聞）の一八七一年（明治四年）五月二十七日付の記事

*Illustrated London News*に描かれた造幣局

は、「大阪の帝国造幣局」と題して、桜ノ宮側からみた造幣局の建物を描き、新生日本の躍動する姿を伝える（図／*Illustrated London News* に描かれた造幣局）。

ところがそれを反対側、与力町から撮った写真がある（図／与力役宅）。時期は明治十八年ごろと遅れるが、左に造幣局のレンガ造りが、右には平屋の民家が写っている。この民家、じつは天満与力の役宅で、それも吉田家のものと判断できる（御役録裏面の与力役宅復元図、八〇ページ参照）。ということは、造幣局は、与力・同心の役宅を壊すことで建てられていることを意味する。狭い大坂、なにかを消さないと新しい文明の象徴はできない。こうして「武士の町」が、地上から消されていったのである。それはやがて、上町にも広がるだろう。その結果、人びとは「武士の町」を目にする機会を失う。残るは、「町人の都」だけである。

二〇一〇年の五月、上野公園を歩いていてひとつの発見をした。なにげなく東照宮に立ち寄ったのだが、参道の入り口に立てられた燈籠（とうろう）に目がいった。塔身に、「摂州九昌

与力役宅　与力町から撮られた写真（志村清提供）

院」と印刻されていたからである（図／もと川崎東照宮の燈籠）。中央には「東照宮　尊前」とあり、左手には享保五年（一七二〇）と寄進者の氏名がみえる。ひょっとして川崎東照宮の燈籠ではないかと思い、あたりを見回すと、「重建石燈碑記」があった。中村正直の撰文で、もと大坂建国寺にあった燈籠であるが、「明治之変祠廃一切器具皆被販売」、有志が買い求め二五基を上野忍岡に移したとある。明治九年九月のことである。

　こうして「武士の町」が地上から消えてしまうなか、唯一残ったのは、大坂城である。金城として明治以降も親しまれたが、『浪花百景』に描かれるようにそこは鎮台、天皇制軍隊の拠点になり変わっている。もはや武士の居城ではない。その意味で、城は換骨奪胎されている。ここでも「武士の町」が消えた。

　消えただけではない。新しい意味が吹き込まれた。それは、「豊太閤」の城としての意味である。明治三十六年（一九〇三）の国定教科書は、大阪の商業都市、工業都市としての発展を語るが、その末尾に、「いまも太閤さんが建てた大阪城がある」という。しかしこれはまったくの曲解で、太閤の建てた城は十七世紀に、地中深く埋められ、その上に壮大な徳川の大坂城が建ったのである。しかもそれは、ほぼ二百年続いた。ところが明治維新後、わずか四十年にして、こんな曲解が罷(まか)り通っている。そこには、ソフトの面における大転換がある。

豊臣秀吉と「町人の都」

ソフトの転換とは、歴史認識にかかわる。近代天皇制国家は、南朝史観を呼び戻したとされるが、大阪ではそれがモロに出ている。大正八年（一九一九）に施行された史蹟名勝天然記念物保存法によって、大阪で第一号に指定されたのは桜井駅跡である。いうまでもなく湊川(みなとがわ)に向かう楠木正成(くすのきまさしげ)が、子の正行(まさつら)と永久の別れをした地として知られ、いまもＪＲ島本(しまもと)駅の東側に残る。しかもこの地に一八七一年、イギリス公使であったパークスが訪れ、それを記念する大きな石碑がい

もと川崎東照宮の燈籠

まも建っている。建てたのは大阪府権知事渡辺昇である。維新の志士たちの間で、楠公贔屓があったことをうかがわせる。

この楠公とともに復活をはたすのが、豊臣秀吉である。それは京都豊国神社の中之島への勧請にはじまる。明治三十六年（一九〇三）に大阪では、第五回内国勧業博覧会（天王寺公園と新世界を造るきっかけとなった）が開かれ、そこで井上浅次郎ら一二人が、巨大な秀吉像を鋳造した。碑文は泊園書院の藤沢南岳である。大きな立像は当初、大阪城に置かれたが、その後、中之島の豊国神社に移された。明治三十六年発行の『双六大阪名所』（関西大学図書館鬼洞文庫）には、中之島の項に、その立像が描かれる。

こうして明治後期に復活をはたした豊太閤顕彰は、昭和に入ると、豊臣天守閣の再建という大阪の官民挙げての大事業へと発展する。こうして大阪城は、豊臣のものとなった。その結果、「徳川製の石垣の上に豊臣風の天守が載るという、たいへん奇妙なこと」（北川央『大阪城ふしぎ発見ウォーク』）であるにもかかわらず、だれも怪しまなくなっていく。

この豊臣秀吉復活のプロセスに歩調を合わせて台頭してくるのが、「町人の都」大坂という言説である。共通しているのは、江戸時代二百七十年の否定である。そして〈江戸〉をアンシャンレジームとみて、その下にいた町人を「近代的」勢力、すなわち「近代的市民」の萌芽とみる評価の成立である。幕府と大坂城の存在にもかかわらず、そのもとでの大坂を「真空地帯」とみなす宮本又次の解釈は、こうして確立されることとなった。江戸の武士が与えた「町人国」という言説を換骨奪胎することで、大阪人による「町人の都」大坂という言説が生み出されたのである。

その結果、話は振り出しに戻る。江戸時代の大坂には「武士は少なかった」、「いないも同然」という言説がはびこっていったのである。

わたしが「武士の町」大坂という問いを立て、本書を著したゆえんでもある。

あとがき

「武士の町大坂」という話をはじめて人前でしたのは、平成八年（一九九六）のこと。中之島にあった大阪文化情報センターでおこなわれた講演の一齣である。十月八日の夕刻六時からの二時間、たっぷりと話した。史料調査も十分でなく、おそらく構想のみを話したような気がする。ところが終了後、ひとりの老婦人がわたしのもとにやってきて、こう言ったのである。「わたしはもと与力の家系ですが、大阪ではいつも「町人の都」といわれ、肩身の狭い思いをしてきました。今日、はじめて、自分の家に自信がついた気がします」。

そうか！　わたしの思いつきに、これほど感動してくれる人がいるんだ。自分の思いつきもまったくの独りよがりではないな、と確信した瞬間である。この日の老婦人の一言は、天邪鬼の執念に火を灯した。それから十四年たってようやく本書に辿り着いたが、最大の課題は、着想を裏付ける史料の収集であった。大坂町奉行・大坂代官の史料と『大坂武鑑』・御役録を、福岡・東京・仙台・新潟・神戸などで調査したが、考えてみれば、すべて大阪以外の地である。大阪に居座っている限り、「武士の町大坂」という着想は育たないということがわかったのである。

同じことは、「徳川時代大坂城関係史料集」を企画した大阪城天守閣も経験していた。大坂城代や定番・加番・大番の史料を集めるこの企画も、丹後峰山・丹波篠山・播磨山崎など、いずれも大阪圏外の大名家史料によっている。それはまた、大坂城内の状況に暗いというわたしの弱点を補う強力な援軍でもあった。大阪城天守閣のこの企画なくして、「武士の町大坂」というわたしのプランも完成をみなかっただろう。

中公新書編集部の酒井孝博氏に、本書の構成案を提示したのは、二〇〇七年二月のことである。そして第一次原稿は、二〇〇九年五月から九月にかけてベルギーで執筆した。関西大学から半年の在外調査の機会を与えられたのを利用して、執筆に専念したのである。帰国後、酒井氏から寄せられたコメントは、意表を衝くものであった。「問題意識が先行しすぎている。新書には、寝転がってでも読める余裕がいる」というのである。学術書しか書いたことのない人間には、まことに耳の痛いものであった。

しかし、それがこなせるようになるには、さらに時間が必要であった。一年後の夏休みを待って、原稿に本格的に手を入れたが、それが完結したのは、またしてもベルギーである。日本でなく、ベルギーにいながら「武士の町大坂」を書き上げるとは……。二回のベルギー暮らしのチャンスがなければ、本書は生まれなかっただろう。滞在のたびにさまざまな便宜を与えてくれた畏友ルーヴェン・カトリック大学 Willy Vande Walle 教授に心からの謝意を表したい。

最後になるが、わたしは著書の「あとがき」に好きな詩や俳句・短歌を入れるのを楽しみにしている。九月初め、帰国してから小旅行を経験したが、そこで頭に浮かんだのは次の句である。

分け入っても分け入っても青い山　　山頭火

二〇一〇年九月二十三日　若山台にて

藪田　貫

学術文庫版あとがき

講談社学術文庫といえば、濃紺の背表紙が特徴である。最初に手に取った本が何で、何時であったかは思い出せないが、私宅の狭い書架を眺めてみると結構な冊数がある。学術文庫は通番にして二六〇〇冊を超えるのだから、当然と言えば当然だが、タイトルも、分厚さも異なるにもかかわらず、並んでいることで書架のその一帯が濃紺のラインとなって目に鮮やかである。そのラインの一画に小著が加わるというのは、なんとも嬉しい。そう言って憚らないほど小著『武士の町 大坂』は、わたしにとって思い出深い作品である。

その背景には、「武士の町」という着想を得て、史料調査を重ね、そして小著の元となる論文を書き続けて、やっと新書版の刊行に漕ぎ着けるまでに要した一四年余の歳月がある。「「天下の台所」の侍たち」という副題が付いている。それは『武士の町 大坂』という突拍子もないタイトルでは、何が書かれているか読者には分からないだろう、という配慮から考案されたものであった。しかし、「天下の台所」という言葉はすでに、「町人の都」のニュアンスを漂わせている。堂島米市場などを仕切った豪商たちが想起されるからである。一方、その向こうを張って「武士の町」を言うならば、シンボルは「大坂城」であろう。

小著の少し前に出版された大阪大学総合学術博物館叢書『城下町大坂』（二〇〇八）は、

それを示したもので、「城下町とはいいながら、城に「殿様」が居住していな」いことに特徴があると説明している。あわせて「大坂に武士が存在していた印象の乏しい理由のひとつとして、地元である大阪に資料が残らなかったから」と説いている。その意味で、江戸時代の「大坂」で「武士」を問おうとするならば、大阪以外の地に資料調査を重ね、収集に努めなければならないことになる。その先鞭は、大阪城天守閣が一九九七年に企画し、現在も継続されている「徳川時代大坂城関係史料集」の発刊によって付けられたと言えよう。わたしはその精神を受け継ぎ、天守閣と棲み分けする形で、町奉行や代官を追いかけ、史料集や論文集として発表してきた。単著もあれば、共著や編集者の一人として加わったものもあるが、紹介すればつぎの通りである。

『近世大坂地域の史的研究』清文堂出版、二〇〇五
『大坂西町奉行新見正路日記』清文堂出版、二〇一〇
正・続『悲田院長吏文書』（長吏文書研究会編）、解放出版社、二〇〇八、二〇一〇
『大坂代官竹垣直道日記』一〜四、関西大学なにわ・大阪文化遺産学研究センター、二〇〇七〜一〇
『近世大坂と被差別民社会』（寺木伸明氏と共編）清文堂出版、二〇一五
『大坂西町奉行久須美祐明日記』清文堂出版、二〇一六

こうして「大坂」で「武士」を問うには、みずから史料を調査し、史料集として編むことから始めなければならない、というルールが生まれ、研究者の間に共有されたのである。その波はやがて、大阪市史編纂所が発行する『新修大阪市史　史料編』の第六巻近世Ⅰ政治1（二〇〇七）と第七巻近世Ⅱ政治2（二〇一二）を生み出すこととなった。そこには小著で紹介した徳川の大坂城や大坂町奉行・代官・御役録・在坂役人を支える人々などが、正面から取り上げられているのである。その意味で「武士の町」大坂は、もはや仮説＝問いではなく、実体として追求される状況に立ち至っていると言えるだろう。まさに学術的な発展であり、その起点に小著があったと考えるならば、学術文庫版として再登場するのは時宜にかなっているかもしれない。

なお、学術文庫版を編むにあたっては、新書版になかった参考文献や引用文献の追記・注記が一仕事であった。送られてきた初校には、それに関する鉛筆書がいっぱい入っており、驚かされたが、それに応えることは学術文庫版にしかない価値だと考え、作業した。その過程で間違いと判別したところは、一部、文章が修正されているが、本書全体の趣旨に変更はない。

「武士の町」大坂という問いは、わたしの中で生き続けている。その問いに導かれて近い将来、「大塩平八郎」と「堺の鉄砲」という二つの作品を世に出したいと考えている。

最後になるが、『武士の町　大坂』復活の機会を与えていただき、さらに的確な編集作業を指導された講談社学芸部青山遊氏に心からの謝意を表したい。

たのしみは　人も訪ひこず　事もなく　心を入れて　書を見る時　（橘曙覧）

若山台にて

藪田　貫

二〇二〇年三月

本書の原本は、二〇一〇年に中公新書より刊行されました。

藪田　貫（やぶた　ゆたか）

1948年，大阪府生まれ。大阪大学大学院文学研究科博士課程中退。現在，兵庫県立歴史博物館館長。関西大学名誉教授。専門は日本近世史。主な著作に，『国訴と百姓一揆の研究』『日本近世史の可能性』『近世大坂地域の史的研究』『男と女の近世史』『大阪遺産』など。

定価はカバーに表示してあります。

武士の町　大坂
「天下の台所」の侍たち
藪田　貫

2020年6月9日　第1刷発行

発行者　渡瀬昌彦
発行所　株式会社講談社
東京都文京区音羽 2-12-21 〒112-8001
電話　編集（03）5395-3512
販売（03）5395-4415
業務（03）5395-3615
装　幀　蟹江征治
印　刷　株式会社廣済堂
製　本　株式会社国宝社
本文データ制作　講談社デジタル製作

ISBN978-4-06-519895-7

「講談社学術文庫」の刊行に当たって

これは、学術をポケットに入れることをモットーとして生まれた文庫である。学術は少年の心を養い、成年の心を満たす。その学術がポケットにはいる形で、万人のものになることは、生涯教育をうたう現代の理想である。

こうした考え方は、学術を巨大な城のように見る世間の常識に反するかもしれない。また、一部の人たちからは、学術の権威をおとすものと非難されるかもしれない。しかし、それはいずれも学術の新しい在り方を解しないものといわざるをえない。

学術は、まず魔術への挑戦から始まった。やがて、いわゆる常識をつぎつぎに改めていった。学術の権威は、幾百年、幾千年にわたる、苦しい戦いの成果である。こうしてきずきあげられた城が、一見して近づきがたいものにうつるのは、そのためである。しかし、学術の権威を、その形の上だけで判断してはならない。その生成のあとをかえりみれば、その根は常に人々の生活の中にあった。学術が大きな力たりうるのはそのためであって、生活をはなれた学術は、どこにもない。

開かれた社会といわれる現代にとって、これはまったく自明である。生活と学術との間に、もし距離があるとすれば、何をおいてもこれを埋めねばならない。もしこの距離が形の上の迷信からきているとすれば、その迷信をうち破らねばならぬ。

学術文庫は、内外の迷信を打破し、学術のために新しい天地をひらく意図をもって生まれた。文庫という小さい形と、学術という壮大な城とが、完全に両立するためには、なおいくらかの時を必要とするであろう。しかし、学術をポケットにした社会が、人間の生活にとってより豊かな社会であることは、たしかである。そうした社会の実現のために、文庫の世界に新しいジャンルを加えることができれば幸いである。

一九七六年六月

野間省一